独角兽 文库

连接一切：
腾讯的
互联网
思维

刘帅 编著

中国致公出版社
China Zhigong Press

图书在版编目（CIP）数据

连接一切：腾讯的互联网思维 / 刘帅编著. —— 北京：中国致公出版社，2020（2023.4重印）

ISBN 978-7-5145-1440-7

Ⅰ.①连… Ⅱ.①刘… Ⅲ.①网络公司—企业管理—研究—中国 Ⅳ.①F279.244.4

中国版本图书馆CIP数据核字（2019）第180952号

连接一切：腾讯的互联网思维 / 刘帅 编著

出　　版	中国致公出版社	
	（北京市朝阳区八里庄西里 100 号住邦 2000 大厦 1 号楼西区 21 层）	
发　　行	中国致公出版社（010-66121708）	
责任编辑	王福振	
策划编辑	陈亚明	
封面设计	金　帆	
印　　刷	艺通印刷（天津）有限公司	
版　　次	2020 年 4 月第 1 版	
印　　次	2023 年 4 月第 2 次印刷	
开　　本	710mm × 1000mm　1/16	
印　　张	14	
字　　数	220 千字	
书　　号	ISBN 978-7-5145-1440-7	
定　　价	48.00 元	

1998年，是中国互联网乃至世界互联网史上，不可泯灭的一年。

这一年，谷歌在美国加利福尼亚州的一个车库里诞生了；这一年，杨致远将雅虎带到了中国，刺激了中国互联网企业的诞生；这一年，张朝阳的搜狐公司诞生；这一年腾讯也悄然成立。

从最初的五人发展到现在上万人的团队，从开始的举步维艰到现在的一帆风顺，从之前想要"卖'鹅'求生"到现在的"靠'鹅'下蛋"，腾讯是怎样一步步走到如今这般规模的？

创业路上多坎坷，很多人都倒在了创业初期的路上，后来又有一批人迷失在企业发展的路上，最后能获得成功的简直就是凤毛麟角，更别说建立起一个"企业帝国"了，但是腾讯做到了！

对于腾讯能取得如今的成就，马化腾说："其实我只是个很爱网络生活的人，知道网民最需要什么，所以为自己和他们开发最有用的东西，如此而已。"

关于创业，马化腾的经营哲学就是"三问自己"。

第一问：这个新领域你是不是擅长？

马化腾凭借自己对网络的独特见解，总是能做出敏锐的判断，从而带领腾讯走到现在。他用偏执的兴趣和近乎狂热的热情搭建起了腾讯的框架，并将腾讯"技术为核心"的理念始终保持如一。

第二问：如果你不做，用户会不会遭受损失？

马化腾知道软件开发的真正意义就是实用，如果这个东西不开发，用户根本没有任何损失，那么这个东西就要被放弃。

第三问：如果做了，在这个新的项目中自己能保持多大的竞争优势？

腾讯现在是中国互联网领域最活跃的公司之一，其QQ、微信、QQ浏览器、腾讯视频、王者荣耀、绝地求生……都已经渗透到了普通民众生活的方方面面。那么，为什么是腾讯而不是其他的互联网公司能做到这些？

连经济学家们也感慨，解读腾讯就是一个难题。因为它不属于书籍里经过严密论证的任何一个案例，它硬是从没有路的地方生生走出了一条路来。是什么让腾讯在无路可走的时候，坚持走出属于自己的康庄大道的？腾讯的生存之道又是什么？

一路走来，腾讯创造了一个又一个奇迹，也经历了不少风雨，被世人所"指控"，腾讯在前进中不断地完善着自己，不断壮大着自己。腾讯是怎么做到的？这背后又有什么秘诀？有什么独特的地方？有什么过人之处？这一切，都需要一个答案，一个从腾讯自身的成长过程中才能寻找到的答案。

不过腾讯太低调了，低调到我们很少能找到关于它的一些内部信息，就算是在号称无所不能的网络上也很难发现。

本书将以马化腾创立腾讯为主线，从腾讯在不断发展过程中的公司运营、企业管理、创新、企业融资、用户等多个维度，去深刻分析马化腾的创业逻辑及颠覆思维，将中国最神秘的互联网企业——腾讯的战略布局及企业精神高度还原于读者的面前，让读者对互联网企业的经营有一定的了解和借鉴。

虽然腾讯是一家互联网企业，但是本书中所阐述的关于企业的经营观、价值观对于传统企业、互联网企业及立志创业的人，都极有借鉴意义。

做企业也是在做人，腾讯的成功离不开马化腾在每个关键时刻的抉择，每个抉择背后都反映出人的个性，这一点对于想要提高自己的个人来说，也能从中找到对自己有价值的东西。

　　创业是一个艰难而漫长的过程，创业的基本问题就是让企业如何生存下来。

　　在你准备创业的时候，或者已经开始创业，又或者是企业已经活了下来想要进一步发展时，看看本书，你将会有不同的收获。

C O N T E N T S |目录|

Part 2 在泥泞中快速成长

Part 3　在挫折中急速扩张

Part 4　构建连接一切的"腾讯云"

Part 1

诞生于时代洪流中的"企鹅"

第一章　缔造一个"企鹅帝国"

从"小企鹅"到"企鹅帝国"

2019年2月，易观发布了2019年1月最新移动APP的排行榜，微信以月活跃人数94432.4万人位居第一，环比上升了1.82%，位居第二的当然是微信的"哥哥"QQ，每月活跃人数为58648.4万人，环比增长6.04%，同时腾讯视频以月活跃人数45882.4万人位居第六。一家公司的三个APP同时入围前十名，这说明了什么？

令人震惊的数据不止这些，应用研究公司Sensor Tower发出的2018年全球最赚钱的iOS应用榜单中，腾讯视频位居第二。2018年6月20日，世界品牌实验室（World Brand Lab）发布了2018年《中国500最具价值品牌》分析报告，腾讯以4028.45亿元身价位居第二。

可能你不知道马化腾是谁，但是几乎没有人不知道那个围着红色围巾的可爱的"小企鹅"——风靡全国的聊天工具QQ。迄今为止，马化腾创建的腾讯QQ改变了中国人的生活方式。而"小企鹅"的背后，则是一个庞大的"腾讯帝国"。

前微软董事长比尔·盖茨在任时，对内部人员多次说起，他认为全世界做得最成功的IM（即时通信）就是QQ。当初年轻的比尔·盖茨在创业时有过这样的宏愿："让全球每个家庭的每张桌子上放一台电脑。"二十几年后，马化腾也曾满怀豪情地说道："让用户上网第一件事就是打开QQ，这是我的目标。"

如今看来，马化腾已经实现了他的愿望。

中国网络市场上，QQ已经对人们产生了广泛影响。这款软件已成为大江南北的网友生活中的一部分。无论QQ这个软件后来衍生出多么丰富和强大的功能，其最基本的功能依旧是即时通信。

为什么一个看似不起眼的聊天软件，竟能在中国形成一种文化的风潮？这背后的原因是复杂的。网络出现后，因为人们对沟通的渴望，让网络通信软件的出现成为必然，于是QQ应运而生。不过QQ能够在众多聊天软件中脱颖而出，则是一种偶然。因为QQ软件起步早、改进快，使得QQ在多年的竞争中始终立于不败之地。

在QQ这个虚拟的世界中，人们纵情展示着在实际生活中没有机会表现出来的智慧和幽默，表达着被压抑已久的个性和风格。就连马化腾自己也用这种流行的方式找到了自己的爱情。他曾坦承道："她也不知道我是谁。我就说我是工程师。我用的是另外一个常用的小号，不是官方号。"

马化腾在一次采访中说道："IM（即时通信）软件带给我们很多新的概念，首先是提供了一个新的沟通方式，创造了新鲜的词汇，带来了新的生活体验。"

的确，QQ改变了人们的沟通乃至生活方式，并且未来还有无限的可能。

2010年，腾讯QQ的注册用户数量超过10亿，国外媒体用来和这个庞大数字作类比的，不再是韩国、朝鲜，以及中国台湾地区的人口总和，而是印度或中国的人口数量。此时腾讯又有了新的目标——"在线生活社区"。在这个"在线生活社区"中，腾讯负责提供所有互联网服务与应用，功能涵盖了在线资讯、在线娱乐、在线电子商务等，如即时通信、搜索、门户、博客、在线游戏、在线视频、在线支付、在线拍卖、在线办公等。现在腾讯已经涉及所有的互联网领域，包括探索AI在终端侧的应用。

人民网曾对马化腾及他的"企鹅帝国"如是评价："马化腾在模仿间不经意打造了一个庞大的'QQ帝国'，为中国人创造了全新的沟通方式。经过短短几年的发展，腾讯QQ的用户群已成为中国最大的互联网注册用户群，腾讯QQ在即时通信领域排名中国第一、世界第二，同时腾讯公司也从广告、移动QQ、QQ会员费等多个领域实现了盈利，创造了中国网络领域一个经典的神话。"

2001年2月10日，QQ同时在线用户数突破100万；

2010年3月5日，QQ同时在线用户数突破1亿；

2014年7月3日12时52分，QQ同时在线用户数量达到峰值——210212085，成功创造了一项新的吉尼斯世界纪录——"单一即时通信平台上最多人同时在线"。

还在2006年时，腾讯联席CTO熊明华问马化腾："QQ同时在线人数什么时候能达到1亿？"马化腾听完笑道："这辈子我可能是看不到了。"谁曾想到，刚过4年，这个曾经遥不可及的梦想就成真了。

享誉世界的"互联网女皇"玛丽·米克（Mary Meeker）曾发布"2016互联网女皇报告"，盘点了当年全世界互联网企业的浮沉。除了广为世人所知的苹果公司和Google，最引国人瞩目的就是中国互联网企业——前二十名中，中国企业有七家。当时市值2060亿美元的腾讯位列第五，市值2050亿美元的阿里巴巴位列第六。不知不觉间腾讯已经在国内企业中加冕为王。

放眼整个互联网领域，诸多企业都有腾讯投资的身影："58同城"和"赶集网"在腾讯的促成下宣布合并；曾经激烈角逐的"滴滴打车"和"快的打车"被腾讯促成合并，成为如今以滴滴为主导的"滴滴出行"；"美团"和"大众点评"在腾讯的促成下宣布"和亲"，改写了O2O市场的格局；2016年被称为"直播元年"，业界明星"斗鱼TV平台"也接受了腾讯的投资，而腾讯自身还有"now直播""哔哩哔哩直播"等，并且新的平台仍在开发中。2018年，腾讯入股海澜之家，还战略入股盛大游戏。

腾讯公司宣称的终极目标是"连接一切"，腾讯宣称未来只做两件事：连接器和内容产业。"连接器"是指通过微信和QQ，把人与人、人和服务、人和设备相连接。"内容产业"指的是，内容也可以是一个开放的平台。

在"连接一切"方面，无论是QQ还是微信，腾讯始终精通于人与人的连接，后来腾讯也通过微信公众号及与滴滴、赶集网等的合作，逐步建立起人和服务的连接，而腾讯未来或许会在"设备"这个方向下加大投入力度。

对于一家已经走过二十一年历程的互联网公司而言，其成功之处，肯定有关于产品规划、产品策略层面的妙手，也有很多产品体验、产品细节上的扎实细致，还有很多产品理念、价值主张方面的确立。

任何一家互联网公司巨头，或者"独角兽"级的产品，在它成长、发展的过程中肯定既有"命中注定"一般的节点，又有坚韧不拔的努力和完美精确的执行。腾讯也是如此。

从封闭到开放

2018年全球互联网企业排名中第一的是市值7001.91亿美元的谷歌（Google），第二名是市值6802.82亿美元的亚马逊（Amazon），第三名就是腾讯，其市值已经达到4913.67亿美元。阿里巴巴以市值4298.29亿美元排名第五。前五名中，中国互联网企业入围两家，也算是一个奇迹。

腾讯在互动娱乐、互联网增值等领域的崛起路径，创造了互联网界的一个奇迹。因为有着庞大的QQ用户群，腾讯在扩张路上几乎是撒豆成兵。盛大公司的董事长兼CEO陈天桥，称马化腾练就了"吸星大法"——从无线增值服务开始，将网络上那些有"钱途"的商业模式都拿来与QQ巧妙结合，取得了很好的成绩。

腾讯通过QQ这个聊天工具，逐步拓宽和发展自己的业务，改变了中国互联网年轻用户的视界。包括随后推出的腾讯网，因为建立在之前IM用户群的基础上，所以仅用了不到两年的时间就成为中国流量的第一大门户，把第二名远远甩在后面。

曾经有人说腾讯的发展没有"技术含量"，不过是依靠简陋的模仿和最初积累的QQ用户发展起来的。马化腾对此反驳道："在扩张的过程中，我们是依靠QQ，但同时，我们新加入的服务也改变了QQ社区。你不能觉得只要有了即时通信，后面做什么都一点不费力。游戏、门户、娱乐、搜索、电子商务，如果没有即时通信的帮助就不如对手，那么长远来说还是没有发展的。多元化的目的是提供在线生活，在线生活的背后则是社区，上述所有服务都将通过社区串起来。"

是啊，拥有庞大用户群的网络平台多如牛毛，为什么它们没能"复制"出"钱"途广阔的诸多功能？QQ的出类拔萃之处在于其"用户黏性"，也就是由于社会关系网络的连接而紧锁在一起的强势用户关系。紧密联系着的用户之间不断交流，形成依赖而密不可分，这才是真正的用户竞争力。

腾讯可以做的就是凭借自己的既有用户，在人际关系紧密连接的基础上有更多的发挥。而其他一些网站的用户基数虽大，但是相互之间的依赖关系不够紧密，因此不具备可与腾讯抗衡的竞争力。

马化腾在2006年接受采访时说："我觉得还是要从用户的实际应用角度出发。从MSN在全球遇到的商业竞争中就会发现这样的结论，互联网服务并不是一个技术和标准圈占市场的时候，而依然是新应用圈占市场，并不是占有了平台资源就能抓住客户的。MSN进入后，迅速打败了韩国原来最大的即时通信企业，然而随即又被另一家韩国企业反扑。韩国电信服务商下属的赛我网，将门户和新的即时通信结合，再集合'赛我'的社区服务，逐步从MSN手中又找回了市场份额。现在'赛我'在20~29岁这个年龄层上的市场占有率已经超过MSN。"

回观中国的互联网市场，我们目前在市场上还有很多空白。中国企业在比拼"占有率"的同时，更加需要考虑的就是"创新"。当今时代是一个取得突破的机会，我们必须沉下心来努力，同时不能妄自菲薄。

近年来，美国一所经济研究院调查数据显示，领先全球的电子商务企业"eBay"的市值下跌，实际价格约为726亿美元。这个数据在全球互联网企业当中仅排名第四，而首度超越它的"中国对手"就是腾讯。

而雅虎作为曾经的"全球访问量第一"的最大网站，却一次又一次地把市场带给它的良机拒之门外。最常被人调侃的一则往事，便是当年创业艰辛的Google主动上门，希望雅虎收购，却遭到雅虎的断然拒绝。作为一家全球性的互联网门户网站，多次忽略了搜索引擎的重要性是其致命错误。

美国一家财经杂志《巴伦周刊》评选出2018年度最新的全球30位最佳CEO，马化腾、贝索斯、扎克伯格等科技领袖登上榜单。专业人士高度赞扬了腾讯公司，称其"证明了一个道理：公司的长期成功离不开持续不断的创新及集体的战略智慧、执行力、自发的危机感"。

作为目前亚洲市值最高的互联网公司，腾讯今日的强大绝非凭借单打独斗，而是通过开放的平台实现的。2016年6月16日，在中国"互联网+"指数发布会上，马化腾不时邀请58集团CEO姚劲波和美团大众点评CEO王兴多多发言。此时的马化腾已经不是当年单打独斗的愣头儿青，这时的他已经明白，围绕"腾讯生态"的企业发展得越顺利，腾讯才会越好。对投资的合作伙伴，腾讯的态度不是压榨和剥削，而是诚意和扶持。

马化腾在一封给全体员工的信中说："或许未来有一天，当我们走上一个新的高度时，要感谢今天的对手给予我们的磨砺。也许今天我还不能向大家断言会有哪些变化，但我们将尝试在腾讯未来的发展中注入更多开放、分享的元素。我们将会更加积极地推动平台开放，关注产业链的和谐。因为腾讯的梦想不是让自己变成最强、最大的公司，而是最受人尊重的公司。"

这封信其实是腾讯从封闭向开放的宣战书，是一次凤凰涅槃、浴火重生的过程。一个词的改变，也让腾讯的基因产生突变，从"利己"颠覆为"利他"，腾讯的格局随之得到质的提升。

格局决定未来的发展高度。马化腾对待事业的眼光从封闭到开放的改变背后，是一个男孩成长为男人的过程；是一家企业从优秀走向卓越的过程；是一个"匠人"成长为领袖的过程。

当互联网产业完成了全面的布局，接下来的盈利空间在哪里？该如何把每一个细枝末节做到最优？如何在短时间内弥补发展的短板？"互联网＋"时代来临，腾讯该如何构建竞争力？

对此马化腾早有规划，他说："下一个十年，腾讯要由'跑得较好'变成'跑得最好'。"

从"全民公敌"到"全面开花"

2015年，腾讯的市值首次突破"两千亿"美元大关，三年后，腾讯凭借4 913.67亿美元的市值成为2018年全球市值第三的互联网公司。三年的时间市值翻了一倍多，腾讯是怎么做到的？

拥有海量用户的腾讯，以QQ为基础，勇敢地杀入了新闻门户、网络游戏、电子商务等多个领域。除此之外，腾讯还在搜索、视频、邮箱、地图、输入法、影音播放、下载工具、应用分发等领域不断布局，其势力在不断扩张之中。

作为一家互联网企业，腾讯最开始专注的是即时通信软件QQ，但是单一的网络社交平台并不能给腾讯带来长久的胜利，只有多点开花才是腾讯的最终发展之路。于是腾讯开始向其他领域迈进。

腾讯的不断扩张引来了人们的诟病。因为在向其他领域进攻的过程中，腾讯总是模仿别人进入市场，被人冠以"抄袭"的帽子。腾讯凭借自己庞大的用户群体，模仿其他领域的产品，然后超越别人甚至挤垮别人。

从最初的门户网的小试牛刀到博客、微博的闪亮登场，再到电子商务、网游平台等的迅猛发展，每一次尝试与变革都成为QQ不断拓展的功能外延。特别是腾讯在网游领域的神话，使得腾讯有了真正意义上的"华丽转身"。

有人说腾讯"一直在模仿，从来不创新"；还有人说腾讯"走自己的路，让别人无路可走"。正因如此，在互联网市场中腾讯逐渐成了众矢之的，成了"全民公敌"。

据说，一些新加入互联网行业的创业者在吸引风险投资时，总是会被问道："如果腾讯在你的领域和你展开竞争，你怎么办？"结果是，很少有人具有足够的底气回答。

众所周知，在线支付、信用卡支付已经在很大程度上取代了现金支付。腾讯也察觉到，互联网即将进入一个比较稳定的发展时期，电子商务将会在不久的将来大行其道。于是，那个搅乱马云"淘宝收费产品全盘计划"的"拍拍网"应运而生了。腾讯开始向世人表明它的野心：它不仅要完善在线娱乐功能，还打算向综合功能的网络应用平台方向进发。

与此同时，腾讯还在向搜索引擎领域大步迈进。虽然在搜索引擎方面，腾讯落后竞争对手十多年，但腾讯相信能啃下这根"硬骨头"，因为马化腾早有布局。

2006年，腾讯创新中心正式成立——它的任务是收集公司内外的各类优秀创意，加以筛选之后公布于腾讯公司内部的"创新平台"，经过员工投票与公司管理委员会的讨论之后，最终确定可行的项目，这时再转交回创新中心，而由创新中心继续负责将通过的项目从创意变成产品。2007年成立的腾讯研究院，一时间成了腾讯创新科研的主力军。

马化腾作为腾讯的"首席体验官"，他要求自己手下的每个产品经理都要将自己看成一个挑剔的用户。多年来，腾讯公司的上层都坚持"以用户的眼光看待产品"，这在腾讯已经形成了一种文化。据传，为了测试"拍拍网"，马化腾就亲自在该网站购买过十几部手机。

面对用户的需求，腾讯从来不去想当然，而是专门建立了一个应对的"终极武器"——Support产品交流平台。Support是一个海量用户与产品经理直接沟通的平台。腾讯的产品经理每天在自己的产品交流版面浏览用户们的"我要说一下"，获取用户的需求与想法。

马化腾要求产品经理必须关注网络博客、论坛等社交平台里关于腾讯产品的评价，然后及时给予答复，态度要诚恳并且要给出相应的解决方案，不能只用"知道了""谢谢"打发了事。为了研究用户们卸载腾讯旗下某一款产品的原因，腾讯工程师要写出整整三十页的文字报告。

当然，腾讯不是唯一关注用户体验的互联网公司。但是腾讯的过人之处在于，紧随"用户体验战略"之后是"数据挖掘系统"，这个"数据挖掘系统"的目的在于从大量数据中获取潜在的、有效的、可理解的信息。这项技术让腾讯始终一马当先。

自从马化腾的"学习型系统"实行以来，他要求各条业务线的主管每天都给他发送一封汇报邮件，用数据来说明每天的业绩，包括包月用户数量，与前一天、前一周当天、前一月当天的对比。这一"数字经营"的管理模式被马化腾运用到了他的门户网、游戏网的经营管理上。

马化腾希望腾讯的产品和服务能够渗透到千家万户。不过，已经这样蓬勃发展的腾讯，怎样才能更加"疯狂"呢？

腾讯内部将在线广告、电子商务和搜索定为"赢得未来的三大长期投资方向"。相较于另外两项，马化腾的期望更多地放在在线广告上。

擅长技术的马化腾承认自己对广告缺乏了解，但他并没有在难题面前退缩，而是从外部广纳贤才。2006年，刘胜义开始担任腾讯副总裁，具体任务是拓宽网络媒体和在线广告业务面。这位曾在多家跨国广告公司担任过中国区高管职务的职业广告人，知名度最高的贡献在于帮腾讯建立了一套能够博取广告界认可的"方法论"——"腾讯智慧"。

"整合营销之父"唐·舒尔茨提及"腾讯智慧"时赞不绝口，他认为这套"腾讯智慧""强调在企业品牌和细分的目标受众之间，建立起深入互动性的在线营销模式，它将引领未来传播的发展方向，帮助广告主找到更加高效的在线营销途径"。

在中国互联网领域，能够在多个业务领域"全面开花"的企业不在少数，但几乎没有哪家企业能够在多个领域取得领先优势，除了腾讯。

从单一产品到"一站式"在线生活

2016年腾讯体育营销峰会在北京召开，会上腾讯提出了打造"一站式服务平台"的新目标："借助丰富的产品矩阵，腾讯将从直播、资讯、社交、视频、游戏、观赛及电商等多个渠道打通全平台产品。"

移动互联网在市场上如同雨后春笋般迅猛发展，有趣的应用产品也接二连三地推出。什么样的产品最能满足人们的情感需要、如何在第一时间找到最好玩的应用，成为不少用户在上网时会考虑到的问题。

高瞻远瞩的腾讯自然发现了这一点。2005年，腾讯即以"即时通信为基础，全面布局"，当时就提出了"一站式生活"这一口号，几年之后，"一站式生活"的布局就已经基本成型。

如今的腾讯应用中心为广大用户提供着丰富、贴心、有趣的应用，除了致力于覆盖更多的终端设备，还走"全方位、多终端、深合作"的全民开放路线，以此降低用户错过好玩应用的概率，同时尽量满足用户的各色需求。

马化腾曾经说："想要让互联网走向平民百姓，一定要降低它的使用门槛，用户使用互联网不必具备一定的计算机水平，而是像家电一样，非常简单地就能使用。这样一种整合的、简化的、降低门槛的网络服务，就是一站式的在线生活。"

2010年，在上海世博会期间举办的名为"信息化与城市发展"主题论坛上，马化腾阐述了自己眼中的互联网发展趋势。他在会上强调，未来互联网发展将提供简单快捷的"一站式服务"，并成为拓展用户的王道。

"我希望未来腾讯能够提供什么样的服务呢？每个网民通过即时通信，和好友沟通、发微博，包括阅读新闻、搜索他所需要的信息，包括空闲的时候能够通过网络很轻易地找到棋牌类、竞技类的游戏等，也可以通过网络来记录自己的心情，还可以发电子邮件、做电子购物，这是类似的一个理解。"

同年，腾讯公司与富士康集团、和谐汽车三方共同签订关于"互联网+智能电动车"的战略合作框架协议，这在"互联网+汽车"领域具有重大意义。跨界合作、优势互补、携手探索"互联网+汽车"产业的尝试，为"互联网+"融合传统产业提供了宝贵的经验和借鉴。

腾讯的另一个大动作是入股"健康元"，试图在医疗健康领域展开探索；宣布开放战略转型，升级为"众创空间"，与全国十六个较有影响力的城市和地区签署合作协议。这些都离不开腾讯背后海量的用户数量做支撑。

英特尔是腾讯公司的硬件合作者之一。英特尔中国区的一位总经理对腾讯做出了高度评价："腾讯是目前我们看到想得比较清楚，做得也比较清楚的一家公司。"而在这个场景中，腾讯的"开放平台"以及英特尔的物联网解决方案，还有开发者、硬件厂商提供的应用和设备将会构筑成一组完整的链条并健康有序地发展。

英国一家著名的市场研究机构在2014年的一项研究报告中，向全世界宣告了一个新的商机："目前已有19亿款设备与互联网连到了一起，而这一数字将在2018年增加至90亿，也就是说物联网设备将大致相当于智能手机、智能电视、平板电脑、可穿戴计算设备及个人电脑的总和。而截至2019年，物联网市场规模将增长到200亿美元以上，这么大的市场规模无疑充满了诱人的商机。"

这表明未来硬件设备将走向智能化和网络化。不过这就涉及另一个问题：如果想要人为操纵这些产品，可能需要在手机里安装一个对应的应用，这对于大多数人手机内存的承受度而言显然是无法实现的。即使有用户真的这么做了，企业也不能获得共享的有普遍性的用户信息，分散的数据对企业而言作用是不大的。

并且用户个人信息的安全和隐私也是一个重要问题。如果缺少强有力的、值得信赖的应用平台支持，用户也不愿去分享个人的数据。同时，在多个平台交流的麻烦也降低了用户的热情。

如果有一个"超级应用"可以承担操控所有智能设备的任务，并且能够汇总所有的信息于一处，在用户间共享，帮助企业进行分析，那么将会极大地提升用户的满意程度，而腾讯已经把这个设想列入计划当中。

在腾讯的设想中，不久的将来，用户只需要登录他们的IM平台——QQ或者微信，就能够操控家里的智能设备：电视、空调、空气净化器，甚至设定烤箱的烘焙流程和温度……且省去了在手机上下载多个应用的麻烦。

物联网的构想正在一步步实现。目前，行业当中走在发展前沿的是可穿戴设备、智能家居及智能家电。虽然有一定困难，医疗健康类硬件也成为腾讯接入平台的重点。

时至今日，包括小米手环、计步器、智能电子秤等十款产品已经接入手机QQ，且未来会有更多的智能健康类硬件产品加入手机QQ平台中来。

当你翻开新版的手机QQ的动态页面，你会发现一个崭新的选项——"健康"，该应用通过开放数据库给智能硬件合作伙伴，就可以方便读取智能手环、人体秤、血压计等多款产品数据。这样一来，擅长做大数据分析的腾讯就可以对这些数据进行分析整合，从而为用户提供更好的服务。

这样一个宏伟的计划自然不能仅靠孤勇。2014年7月，具有"微信互联设备"标志的智能手环发布，微信的"智能硬件平台计划"也随之曝光。其搭载了微信朋友圈分享和好友"步数PK"功能等社交玩法。腾讯开放平台和移动应用平台部副总经理侯晓楠说："2014年是物联网的前夜，而QQ已经支持车联网等100多种硬件的通用协议。腾讯会从资金众筹、芯片模组、原型设计、产品研发、硬件生产和销售渠道等各个层面对智能硬件开发者给予支持和帮助。"

无法否认的是，QQ时代的那只"企鹅"正在从看似遥远的互联网踱步到用户现实生活。依照腾讯在智能硬件方面的蓝图构想，总有一天，用户的生活里总会或明或暗地出现那只长相憨态可掬，却又很有格局和"心机"的"企鹅"。

现在，我们越来越难以离开这只有点呆萌的"企鹅"了。每天早晨醒来，看看腾讯新闻，用滴滴打车预约出租，路上玩会儿王者荣耀，中午打开美团叫个外卖。此外，看电影，买衣服，去旅游，我们都可以从微信一个程序上搞定。

也许你还不明白"O2O""生态圈"这些名词，但你已经身处其中了。腾讯已经在我们的生活中无处不在。

第二章　从天文梦到企鹅梦

拥有天文梦的"小马哥"

创始人是公司的灵魂，是他们带领企业从无到有，从不名一文到世人皆知。在企业发展的每一个阶段，在危机面前的每一次选择，都少不了创始人的高屋建瓴。我们在解读腾讯时，对马化腾也会有所涉及。

马化腾，1971年10月29日出生于海南岛东方市的八所港，不过户口本上的籍贯写的是"广东省朝阳县"（旧称）。因为父母是八所港港务局的职工，马化腾的生活条件还是比较优越的。

八所港在海南岛的最西边，海港的夜空充满了神秘，吸引马化腾的好奇与想象。为了从小培养马化腾的科学兴趣，父亲给他订购了《我们爱科学》等科普杂志。

小时候，马化腾读到了一篇讲述用各种镜片制作天文望远镜的文章，于是就自己动手制作了一台简易的望远镜，用它来观看远处未知的天空。小时候马化腾的理想是当一个"天文学家"。

1984年，13岁正上初中二年级的马化腾随父母迁居到深圳，在当地最好的中学就读。

充满着实干精神的深圳作为中国"最年轻"的城市，全城都在喊着"时间就是金钱，效率就是生命"的口号，每一天也都发生着日新月异的变化。这座城市的文化，无论是在思想观念还是性格习惯方面，都对马化腾产生了新的冲击。多年后，马化腾接受记者采访时还不无感慨地说："那时（深圳）的上海宾馆已经算是郊区了，现在的南山区，在当时可以说是另外一个城市。"

人们对当时深圳的发展速度有个很形象的说法："在深圳，早上还是空荡荡的平地，中午就变成一层的大楼，晚上就变成两层，到第二天晚上，大楼就已经基本完工了。"

马化腾14岁的生日时，父母问他想要什么礼物，他说想要一台专业级的天文望远镜，那可是一笔不小的开支。开始父母没有同意，于是马化腾就在日记中写道："父母有时会扼杀一个孩子的天文梦。"母亲看到他的日记后，还是给他买了期盼已久的礼物。

后来马化腾用这架天文望远镜观看到了哈雷彗星，并拍下照片，还写了一篇观测报告寄到北京，获得了观测比赛的三等奖，还赚到了人生中的第一笔钱——40元的奖金。

虽然马化腾没有走上天文学研究的道路，但是天文学的爱好却一直保留下来。微信启动时的那张一个人面对水蓝色的星球的画面，有人说含有向马化腾致敬之意。也许其中更深的寓意，是腾讯对未来的憧憬和情怀。

1989年，超出重点线100多分的马化腾，毅然选择了深圳大学，并且选择了当时新兴的计算机专业。

如同这座城市一样，深圳大学是一所年轻的日新月异发展着的大学。它受到城市发展势头的影响，学术氛围也充满实用和革新气息。马化腾在创新氛围的浸染下，形成了重视实用和创新的价值观。聪明的马化腾平时成绩名列前茅，学有余力时，逐渐对网络和编码产生了兴趣。这些都成为马化腾在未来走向成功的重要积淀。

大学期间，马化腾对网络的好奇心日渐增强，很快就熟练掌握了一些技巧。那时他的目标是成为一名"Unix"或者"C语言"的大师级程序员。当时的大学生还不像今天的同龄人这样有许多上网机会，马化腾就以帮助机房清理网络病毒为由抓紧时间上网。

但这样短暂的时间对他而言依然是不够的，为了争取更多的机会，马化腾想了一个"鬼点子"：故意在学校机房的电脑里"种植"一些病毒，再自己解开。一开始这种方法屡试不爽，可后来老师发现，自从来了马化腾，机房的电脑病毒不但没有减少，反而越来越多。而每次马化腾"出手"，电脑病毒很快就束手就擒。老师渐渐发现是这个学生在捣鬼，严厉地批评了他。但开明的老师也认可了马化腾在这方面的才华，于是马化腾便幸运地得到了难得的上网机会。

在校期间的马化腾由于性格内向，并不是大家社交聚会时的"核心人物"，他的拘谨和沉默使他更多的时候是默默无闻的。虽然他的专业知识扎实，却也不是同学当中最优秀的。不过，马化腾的可贵之处，就是对自己有清晰明确的定位和认识，对自己的专长和缺陷了如指掌。

并且，马化腾总能找到一些与自己优势互补的人交友。他的这个优点体现在发展事业时寻找合作伙伴方面。合作中，尤其是对于不擅长的领域，马化腾总是悉心听取同事的意见，这样他在每次做决策时都能通盘考虑问题，规避了事业上的许多误区和风险。马化腾结识的合作伙伴张志东、许晨晔和陈一丹，也是在平等默契的合作中与他建立了牢固的情谊。

整个大学期间，马化腾的各项能力就这样与整座城市的"深圳速度"一起，得到了长足的发展。在整整四年的积累和学习之后，马化腾掌握了扎实的专业知识，成为各种电脑病毒的"克星"，对机房的网络维护也能提出切实可行的方案。在全国的多数大学生还对计算机"惊为天物"的时候，马化腾已经成为一名计算机专业的人才。

综观马化腾的青少年时期，他一直对深圳这座城市有着深厚的感情。中国改革开放大潮的风起云涌，深圳市日新月异的变化，似乎也预示着马化腾的飞黄腾达。

人生的第一桶金

大四时，同学们都要去企业进行毕业实习。马化腾去了当时南方技术水平最高的计算机公司——深圳黎明电脑网络有限公司。在这里，马化腾做出了一生中第一个真正意义上的产品。

随着1992年后中国资本市场的逐步兴起，股票市场的勃发也在萌芽状态中了。也是在这一年，邓小平发表了南方谈话，改革开放的春风吹来，股市迅速上扬，股票价格也开始疯涨。到了5月，上海证券交易所的十五只股票，由于没有涨停限制，一天的时间就上涨了105%且又接连飙升了两日。5月25日，股票行情触顶。许多有想法的人开始意识到，中国股市已经进入黄金时期，投资股票几乎是一件随手捡钱的事。作为改革开放的"先驱城市"，深圳股市自然当仁不让。在普通市民中，炒股已然成为一种时尚，股票居然成了街头巷尾男女老少的热门话题。

于是马化腾发挥自己在C语言和图形化界面上的特长，做出了一个图形界面化的股票行情分析系统。他还在里面加入了技术分析、函数算法、汉字输入法。他的这个股票分析软件看上去非常实用，大家可以形象地看到股票行情的波动，并进行波段分析。

这样独特的设计，让马化腾的软件在众多炒股软件中脱颖而出。于是黎明公司找到这名实习生，提出要购买他设计的软件。马化腾狠狠心开了5万元的高价，没想到对方竟然一口答应下来。

马化腾不仅挣到了人生中的第一桶金，还依靠这个敲开了深圳润迅通信集团公司的大门，成为一名软件工程师。

润迅公司的实力不容小觑，在当时的深圳称得上是佼佼者。润迅公司是一家后起之秀，成立于20世纪90年代初，主营传呼业务。那个时代，从事传呼行业的企业多数有一定的背景。由于该行业的相对垄断，中国最早一批传呼企业的发展顺风顺水。至于润迅，这家新公司的理念是"市场主导，技术先行"，连续推出的几款产品都受到市场的欢迎，很快就在业内小有名气，当时润迅的广告语"一呼天下应"曾红极一时。

润讯公司率先推出全国卫星联网、秘书台及粤港台等一系列服务，迅速成为中国南方传呼行业的翘楚。刚进润迅的马化腾虽然名不见经传，仅仅是名基础岗职员，但其在润迅期间正是润迅公司最顺风顺水的时候，这使得马化腾的视野很快得以开阔。马化腾一开始的名片上印着"软件工程师"，不久后就变成了"开发部主管"。马化腾在润迅的一个很大的体悟就是"以市场为主导"，他也因此懂得了开发软件的意义就在于实用，而不是为了自己一时的痛快。

作为一名软件技术人员，很容易陷入的误区是对自己的智力过分自信，把编写软件当成了攀比智力的途径。而马化腾受到公司发展的洗礼，无论是看问题的高度还是角度，都比不少年纪相仿的同事超前一步。他早早地认识到，便携软件更重要的是能够被更多的人应用，所以他愿意放下虚浮和攀比心，默默将技术推向市场。

总体而言，润迅公司给马化腾最大的帮助有两方面：

第一，它为马化腾开拓了管理上的启蒙之路。在润迅的历练，让马化腾学会了如何构建和管理一家大规模的公司，以及如何在一个新兴的竞争激烈的市场中争夺一定的产业份额，如何跟香港的资本市场取得互动。

第二，润迅公司给马化腾带来了日后创业时最早的客户资源。当后来的马化腾刚刚创办腾讯公司时，推出的第一款产品就是为传呼台做配套服务。

马化腾根据自己曾经在全国最有名的传呼公司工作的经验，以及在各地传呼台积累的一些资源和人脉，让他在创业之初避免了许多白手起家的辛苦。

我们从马化腾早年在润迅的经历中，可以得出一些宝贵的启示：人们所谓的"宁做鸡头，不当凤尾"，其实是对个人的价值和地位太过关注，而忽视了能力成长的最关键因素——平台。良好的平台能够给个人的成长以无限的可能。从这个角度看，"宁当凤尾，不做鸡头"才更是经过长远思考的。

在润迅做一名软件工程师是辛苦的，日复一日甚至有些乏味，然而整天面对着计算机和各种程序拼命工作的马化腾却没有丝毫的厌倦。他越是频繁地接触计算机，兴趣越是与日俱增。在勤勉的工作过程中，马化腾的专业知识越来越丰富，每当有机会他甚至还到朋友的公司里，热心地帮忙解决一些软件和网络问题。慢慢地，他的名气和口碑也在同行圈子里传开了。

马化腾在2010年接受采访时说："那个时候我开始学习互联网能带来什么，因为当时在做传呼，第一个想法就是把网络传呼这个概念引进来，通过互联网来传呼，把内部的系统连接起来，当时以为这可以给传呼业带来一点高科技色彩，能够延缓（传呼衰落），因为当时（公司包括整个传呼业）压力很大了。其实手机一开始出来，短信一普及，我就知道传呼机肯定是完蛋的，就变成夕阳产业了。我1998年底离开传呼业，走的时候大家还抱幻想说传呼可能还有机会，真正让所有人绝望，全部退出应该是2000年。"

"马站"——梦想起飞的地方

在润迅公司默默无闻的马化腾，在另外一个虚拟的世界里，却活跃着一个"Pony"站长。

1991年，北京罗依建设的"长城站"和广东汕头黄耀浩建立的"手拉手站"（后来改名PCUG）成为国内按照FidoNet体系建立起的最早的BBS交换系统，也就是中国惠多网（CFido）的雏形。

中国惠多网诞生于1991年，其中1993年到1998年是它的巅峰时期。在辉煌期，惠多网在国内有上百个站点，用户数量达到上万人。根据他们的解释，中国惠多网是通过电话线连接的BBS系统——在网络间互相通过点对点的方式转送信件。

惠多网本身并不是官方网站，而是中国计算机爱好者自行创立并自主维持运作的业余网络系统，惠多网网友算是一批中国最早的网民，当中可谓是人才辈出。数位网友日后都成为中国互联网的名人，马化腾便是其一。

马化腾当时担任深圳Data Express的站长，后来成为金山软件股份有限公司创始人的求伯君是珠海西点的站长，后来担任珠峰伟业公司董事长的王峻涛是福州站的站长。

作为一名专业且资深的计算机爱好者，马化腾在惠多网刚兴盛的时候就开始加以了解，他花了半年时间进行摸索和探究，终于决定付诸行动：在深圳建一个惠多网分站，起名叫Ponysoft。Pony是马化腾的英文名，中文就是"小马驹"的意思，所以这个站也叫"马站"。

"马站"创立的时候，全国惠多网站总共不到10个，估计当时"马站"是最豪华的一个了。马化腾在家扯了4根电话线，配备8台计算机，可以同时接受4位用户的传送申请。这些设备花了马化腾将近5万元，也就是将他挣到的"第一桶金"都投入了进去。

马化腾对Ponysoft倾注了很多心血，他每天都在思考如何让他的宝贝被更多人欣赏，他撰文介绍惠多网，向本地报纸投稿。文笔不错的马化腾巧妙地将Ponysoft推荐给广大互联网用户。马化腾正是凭这种坚韧让Ponysoft成为深圳地区的代表站台。

在"马站"倾注了大量心血的马化腾，背后支撑他的因素却相当单纯——对自己得意之作的热爱。因为惠多网这样的BBS并不能给马化腾带来实际的利益，它只是一群年轻的网络爱好者联手构建的精神家园。但惠多网显然也给了这群年轻人以回馈——借助这个平台，不同地方的人可以分享工作和生活，传递喜怒哀乐，从别样人生里获得新的感悟。马化腾忙得不亦乐乎，一面在Ponysoft上费心费力，一面还要认真对待在润迅的本职工作。

随着马化腾对本职业务逐渐驾轻就熟，他的工作重心也渐渐开始向惠多网倾斜。那时的惠多网已不可同日而语，上面聚集了越来越多的高端互联网人才，马化腾可以从那些人那里看到许多网络行业的前沿信息。"物以类聚，人以群分。"平台和人际关系让马化腾不断汲取养分，让自己不断向更高的地方迈进，以便"一览众山小"。

从天文望远镜到惠多网站点，我们可以看到马化腾敢于投资并冒险投入的决绝秉性。

马化腾取得成功的特质之一，就是甘于蛰伏，敢于爆发。这两句话看似简单，却是很多人难以做到的。马化腾知道进退的时机，也懂得掌握分寸，这正体现了他大学时代就表现出的理性地认识自己和环境的优势，因此他很难做出错误的决定。虽然同时应对润迅的工作和Ponysoft让他有些分身乏术，然而在这种巨大的挑战下，马化腾锻炼了自己的时间分配和领导能力，不能不说这次挑战是一个提升自己的绝妙时机。

成功后的马化腾接受采访时曾表示，在资本市场里他是个企业家，而在技术领域他依然是那个工程师。对比之下，他说自己更喜欢工程师的角色，虽然做了管理者却依然热爱编程。

据传，后来腾讯上市的产品如雨后春笋般增加，马化腾会抽空客串"首席体验官"的角色，他会亲自测试自家公司的产品，也试用其他公司开发的产品。为此，马化腾还曾自豪地宣称，他体验过所有的即时通信软件。

对即时通信软件的最初体验，可以追溯至"马站"时期。彼时的马化腾偶然间接触到一个名叫"ICQ"的通信软件，它给了马化腾巨大的震撼。虽然ICQ在中国互联网这个巨大的平台上仅仅是昙花一现，但毫无疑问的是，它的出现引起了无数互联网人的关注和思考，包括马化腾本人。国人忽然意识到：原来互联网还可以这么玩，远隔万水千山也能"天涯若比邻"。

几年间的"站长"经历虽然使马化腾受益良多，但也不能满足马化腾的"胃口"了。他需要花费精力探索新的方向，在互联网群雄逐鹿的时代找到新的安身立命的山头。马化腾的事业方向无疑迎来了一个新的转折点。而最终，马化腾没有坚持在"马站"做井底之蛙，他迈上了新的征程。

各显神通干"革命"

马化腾在润迅公司供职的最后那段时间过得并不轻松，或者说是内心并不愉快。这并非是他的能力出了问题。那时的他已经上升到润迅的开发部主管，由于市场的限定和业务的规范，马化腾必须按照公司的要求，把主要精力用在发展传呼业务上。

虽然人们经常说，个人的兴趣爱好不一定要跟工作重合。但如果一个人所从事的工作和个人爱好距离太远，也会给人增加许多痛苦。那段时间，马化腾就经受着这样的负面情绪，而且他渐渐发现润迅的战略规划事实上背离了互联网行业的发展方向。

除了国内传呼行业逐渐走上了下坡路，还发生了一件影响马化腾对未来决策的事，那就是与张朝阳、王志东并称为"网络三剑客"的丁磊，把花费半年时间写成的网易免费邮箱以119万元的惊人数字出售给广州的飞华网。马化腾从此次事件敏锐地意识到，对有识之士而言，互联网是一座"金山"。机遇总是稍纵即逝的，创业事不宜迟！与此同时，马化腾的人际圈里，有朋友鼓励他闯出一番事业。这让马化腾的创业之心更加坚定了。

软件设计师的工作是快乐的，可惜只有快乐是远远不够的。马化腾想要在更广阔的领域中发挥自己的才能，也希望他头脑中的一切构想都能实现。话说回来，那时的他完全不会想到今天的地位和成绩，当时他的创业动机十分简单：在热爱的互联网行业不断探索，让自己的雄心得以实现。除此之外，马化腾之前的"股票分析系统"也让他收获金钱，由此在资本市场中积累到一些创业资金，有了相对丰厚的本金用来创业。马化腾解决了生计问题，就能够将更多时间和精力投注于他的梦想当中。

马化腾正式辞职是在1998年10月。润迅公司对人才流失自然是有些遗憾，但因为错误的评判，最终也没有多加挽留他，就放走了这只"猛虎"。

对国内的互联网发展而言，1998年是个风云际会的年头。同一年里发生了许多可称为具有重大意义的事件：张朝阳开创搜狐、周鸿祎创立3721公司等。这些网络大咖的蜕变都激励着有识之士放手一搏。有梦想的年轻人纷纷创办互联网公司，在互联网行业中跃跃欲试。

马化腾也是其中的一个追梦人。由于事业刚刚开创，马化腾还没有清晰完整的计划，但是对于"传呼"和"网络"的大方向，他还是心中有数的。马化腾对这两个方向如此坚定绝非偶然，而是在冷静思考过后的决定。他当时已有五年网龄，且积累了一些相关工作经验，这两个方向是他较为熟稔的，认真做必然会有所获。

然而，创业不是一个人的事儿，马化腾需要寻找能够同甘共苦的"战友"。

马化腾的第一个"战友"是张志东。张志东和马化腾是深圳大学计算机系的同窗好友，他是深圳大学的计算机天才。张志东在本科毕业后进入华南理工大学攻读计算机应用及系统架构学，硕士毕业后回到深圳，工作地点在黎明电脑公司，主要负责软件和网络应用系统的研究开发工作。

黎明电脑公司在当时的IT界算得上是赫赫有名。作为一家私人企业，它获得过以茅道临为代表的华登风险投资的支持，其创办者邓一明是深圳电脑行业的头面人物之一，后来还帮助过腾讯寻求资金方面的支持。包括后来的"腾讯12股东"之一的"天使投资人"刘晓松，也曾在黎明电脑公司供职。

张志东本人比较矮，长着一张和善的圆脸，每当说话时总面带微笑。但是在工作中他就像换了个人一般，一旦跟马化腾争论技术问题，张志东可是当仁不让，情绪激动时甚至脸红脖子粗。于是，熟悉张志东的人为他起了一个"冬瓜"的绰号。腾讯公司一天天壮大，"冬瓜"的外号也变成了英文名"Tony"，张志东笑着说："自己对这两个名字都喜欢。"

作为志同道合的伙伴，张志东与马化腾还是有着共同点的：都属于技术型人才。两个人在深圳大学的时候，电脑技术都可谓是系里的"小明星"，而张志东又是更顶尖的，哪怕是将当时还是学生的他拿去跟深圳的电脑发烧友竞争，张志东的水准也是出类拔萃的。此外，张志东对工作也有着超乎寻常的狂热。在黎明电脑公司的他就以工作努力著称，加班到深夜是常事，而且第二天一早又准时出现在工位上。

张志东其人有多牛？QQ的架构是1998年设计的，在这近二十年的时间里用户数量猛增，而QQ框架却依然如此，足见张志东的技术水平。在个人风格上，张志东和马化腾类似，都是比较务实和低调的。当其他公司的创始人纷纷买别墅、开游艇的时候，他依然开着自己那辆中档车。据张志东身边的人说，他从来不依靠这些物质上的东西来证明自己。

马化腾和张志东二人创办腾讯后，仅仅过了一个月，就来了腾讯的第三个创始人，他就是曾李青。

曾李青本科毕业于西安电子科技大学，那里也是柳传志的摇篮。曾李青的专业是通信，毕业之后被分配到了深圳电信，与马化腾相比，走得比较平稳。三人相遇有这样一个契机：深圳电脑协会会长的女儿与马化腾、张志东，从中学到大学都是同窗。协会搞活动，曾李青也经常被派出去参加。三个人就在这样的机缘下相遇了。

曾李青在加入腾讯时就小有名气，是当时深圳互联网的领军人物之一。

曾李青具有开拓者的勇气和气魄，也是深圳乃至全国范围内首位宽带小区的推动者。由于这一项目是系统集成项目，在当时还差点夭折，但是曾李青依旧凭着自己的努力让这个项目得以完成，并且采用类似做期货的手段实现，这是绝对领先于当时的。

1998年秋，曾李青的事业前所未有地遭遇低潮。他找到时任深圳电信局局长的许文艳，希望对方给自己指点一下迷津：是重回"舒适区"还是继续冒险。许文艳推荐他去找马化腾，后来，曾李青真的加入了马化腾的创业团队。尽管只有三人，依然分工明确：战略和产品交给马化腾，张志东负责技术，市场的重任留给曾李青。

据腾讯员工的形容，曾李青是腾讯"五虎将"中"最好玩、最开放、最具激情和感召力的一个"，与马化腾的温文尔雅、张志东的专注完美形成了鲜明的对比。一次，已经成为腾讯COO的曾李青开会，会议进行到一半忽然断网了，技术人员还没反应过来，曾李青竟然在一群客户和下属面前，自己钻进桌子底下很快把线路接通。

在外人眼中，很多人第一次见曾李青，就觉得和马化腾相比，他才是老板。因为曾李青比较富态，穿着更加专业和考究，在语言表达和人际沟通方面也是另外两位创始人所不能及的。所以每当三人会见客户，曾李青往往会被误认为是大老板，面目清秀的马化腾反倒被认为是一名小助理。

除了以上三人，腾讯另外两名创始人分别叫许晨晔和陈一丹。

许晨晔和张志东一样，也是马化腾深圳大学计算机系的同学。他本科毕业后继续深造，研究生毕业于南京大学计算机应用专业，之后进入深圳电信数据分局工作，做过曾李青的同事。许晨晔性格随和，从他身上很难看出对别人的好恶，是熟悉的人里出了名的"好好先生"。跟马化腾的内向不同，许晨晔十分喜欢跟人交谈。

陈一丹本来另有个名字陈一舟，是马化腾母校深圳中学的同窗，大学也跟马化腾相同，只是专业是化学。进入行业后，他发现自己和另一位互联网名人ChinaRen的创始者CEO陈一舟同名同姓，所以他就索性改叫陈一丹。陈一丹有律师执照，在行事严谨的同时也有高调果敢的一面，总能 "振臂一呼，应者云集"。

既然人员已经集齐，剩下的就是一展宏图、开疆扩土了。这个 "小企鹅" 开始了自己的冒险征途。

第三章　在坎坷中不断成长

ICQ 带来的新希望

1998年11月11日，马化腾拿着母亲的退休证，和伙伴张志东"合资"，注册了"深圳腾讯计算机系统有限公司"。说起"腾讯"这个名字的由来，一方面，"腾"是马化腾名字中的一个字；另一方面，"腾"也是对公司未来腾飞发达寄予厚望；而"讯"字更多是马化腾赋予原公司的纪念。

创立初期的腾讯可远远没有如今这般风光无限，名不见经传的腾讯公司几乎没有业务找上门。马化腾和他的创业团队在那段时间可谓是步履维艰，他们时而困惑，时而感慨，困惑的是未来的出路似乎距离他们还十分遥远，感慨的是创业日子的心酸只有经历过才能体会。

腾讯不是门户、搜索或电子商务等流行概念，就连它自己都无法定义自己，当初马化腾向张志东描述的要把互联网与传呼机连接起来的"无线网络寻呼系统"也毫无前景。

因为马化腾规划好的蓝图的前提就是：人们依然使用传呼机。

但是到了1998年后，手机已经开始普及开来，传呼机已经成为一个被人遗弃的落后通信工具。当时还处在创业激情中的马化腾根本没有意识到腾讯即将面临的危险处境。

从1998年创业到1999年底的一年时间内，腾讯公司的营业收入是100万元，腾讯的主营业务被搁浅，资金开始入不敷出，腾讯随时都可能被时代的洪流所淹没。

在这危机的当口，ICQ出现了，它给腾讯带来了希望。

ICQ是一款即时通信软件，是1996年由三个叫瓦迪、维斯格和高德芬格的以色列年轻人创造的。自从ICQ诞生之后，用户数量以惊人的速度在全世界飙升，成为当时世界上用户数量最多的即时通信软件。由于这个小发明的前景光明，技术又非难于上青天，所以同类软件迅速跟进。很快地，几乎每个国家都纷纷推出本土化的即时通信软件来瓜分市场。

ICQ在中国也曾有过光辉岁月。多年后的天涯论坛，一名网友忽然发布了这样的帖子："老网民们有谁还记得ICQ？"那位网民回忆起往事："我记不清什么时候开始使用ICQ的了，反正同事教我玩的，白天在公司就玩这个，晚上回去就进聊天室。"另一名网友不禁也开始忆往昔："当年我曾是计算机专业的大学生。最令我们感到兴奋的业余爱好就是在网上捕捉每个数字化的流行符号。同学们经常在电话那头询问，你有ICQ吗？"

然而令人唏嘘的是，尽管ICQ征服了全球许许多多用户的心，然而却并没有在中国取得"攻城略地"的良机。ICQ在中国并没有如人们预期那样高歌猛进，反而一直在倒退，以至于今天的网络用户少有人知道"ICQ"曾经的辉煌。

这是中国互联网发展进入"瓶颈"期吗？据业内人士回忆称："计算机从上万元的价格下降到每台六七千元，更多的家庭能够买得起计算机，在北京的校园里，每天都可以看到来自中关村的送货车，或者是汽车或者是三轮，大学生激动地攒钱购买属于自己的电脑。"

现象背后总有种种原因。在中国互联网行业竞争如火如荼的时候，ICQ何以在有着巨大优势的情况下败北呢？

其一，语言障碍是一个重大的问题。同中国本土的通信软件相比，ICQ

有着一个"水土不服"的致命缺陷——英文。市面上的ICQ绝大部分是英文版，这对非英语母语国家的用户来说，可能会是个致命的困难。根据实际的用户调查，熟练使用ICQ的是一些英语能力水平较高的用户。而其余用户首先需要破除语言障碍。

其二，缺乏与时俱进的经营理念。ICQ在世界通信市场上有着革命性的作用，可惜它的经营者没能及时意识到这一点，没有放眼全球的大局观念。即便是后来ICQ在世界范围内广受欢迎，经营者也没有乘胜追击，这导致其在中国地区的失势。

其三，使用环境有所区别。正由于ICQ跨越了环境等诸多限制，势必会产生用户使用习惯有差异等现象。再加上不同国家和地区的软件难以兼容，因此ICQ无法在中国大面积地移植和嫁接。如此一来，ICQ的拓展范围就被牢牢地限定住了。

前面提到的是ICQ的一些宏观上的"水土不服"之处，它只是实现了聊天的基本功能，但还有些没考虑周全。但最关键的原因竟出在最不起眼的细节，而且是在基本功能的体验细化方面——用户资料保存地的问题。

在网民使用的过程中，ICQ会把用户资料、好友资料等几乎是除了密码之外的一切数据都存在客户端里。也就是说，如果你在其他电脑上登录，你的ICQ账号中所有曾经的朋友都被清空，此前聊天的历史记录也不复存在。如果你想要跟谁通信就要根据自己的记忆找到对方账号加好友，然后再聊天。

这一点在国外没有受到多少非议，因为国外的个人电脑和互联网都已经发展到了一定的程度，拥有个人电脑的人不在少数。而且，他们为了隐私的安全也不会频繁地更换电脑。但在个人电脑当时并不普及的中国，这成了一个致命缺陷。

作为资深的计算机爱好者和老牌网民，马化腾也对ICQ沉迷其中，并且玩得不亦乐乎。与旁人不同，马化腾一向"寓思于玩"。"马站"期间的他只是凭表面信息认识ICQ，而他并没有止步于此。经过深入思考，马化腾忽然意识到：中国市场有为数众多的潜在客户，对ICQ软件不可能没有需求。既然以色列人可以开发出这个东西，中国人为何不做一款自己本土的ICQ？

目光长远的马化腾所考虑的不仅是开发即时通信工具，他还想让这个软件有更大的生存空间。几年的"站长"经历已经不能满足马化腾的"胃口"了，他要拿出更多的时间精力，在互联网群雄逐鹿时代找到安身立命的山头。

养了一只喂不饱的"企鹅"

促使腾讯去开发ICQ的，是马化腾当时看到广州电信的一个公开招标新闻，要购买一个类似于ICQ的中文即时通信工具。当时马化腾跟张志东、曾李青商量后，觉得他们可以去试一试。

OICQ并非马化腾的创举，市场上已经出现其他版本的汉化ICQ了。多年后马化腾谈起自己坚持做OICQ的缘由，忍不住感叹："当时电信部门比较重视增值服务，而广州电信在这块有预算，市场上有好几家做即时通信产品的企业都在盯着这块市场。在投标的过程中，为了抢先，我甚至在产品还没成型前就先写好了投标书。"

最开始，OICQ只是腾讯公司为广州电信用户提供互联网即时通信服务系统的一个单子。为了争取到这个单子，马化腾和曾李青向他们的老朋友、网易创始人丁磊寻求帮助。丁磊与广州电信可谓交往频繁，从广州电信使用的免费电子邮箱系统和域名都是丁磊卖给他们的就可见一斑。可惜的是，尽管丁磊也热情地帮助引荐，最后腾讯还是输给了一家具有广州电信背景的公司。

投资失败后，腾讯的五位创始人开始讨论要不要真的把OICQ做出来。这是腾讯历史中争吵最激烈的一次，因为看不到赚钱的希望，并且当时还有很多知名的企业也在做这个软件，腾讯到底还要不要进入这个领域呢？

最后，马化腾做了决定："要不，我们先把它养起来吧。"可能马化腾自己都没有想到，做出开发OICQ的决定将会是他人生的一个重大决定。

马化腾后来感慨自己因祸得福："但现在想想还真的是幸运，这些拿到项目的公司在收到钱后自然没有动力继续维护发展产品，只有我们的通信产品OICQ被砸在手上，才会持续做下去。"

于是，刚刚成立不久的腾讯公司开始兵分两路，马化腾带人做网络传呼系统，张志东带人做OICQ。

当时"知识产权"这个概念在国内还没有推广，因为"OICQ"与"ICQ"的名字显得太过亲昵，这一点后来给马化腾带来了麻烦，也因此成就了马化腾。

"当时我也不知道怎么赚钱，只是觉得让别人可以在互联网上找到你，肯定会有用，那就做了。"抱着尝试的心态，同时为了加深对用户的了解，马化腾决定把OICQ放到网上给网友们免费使用，效果之好出乎了马化腾本人的预料。凭借其活泼、简洁的界面，实用、强大的功能和许多用心的设计细节，OICQ首先在高校一炮而红，并且以惊人的速度以高校为中心传播着。1999年11月，OICQ用户注册数突破百万大关。2000年4月，用户注册数上升至500万。

同样是对ICQ的效仿，PICQ、CICQ等对手几乎对OICQ望尘莫及。腾讯开发的ICQ汉化版本OICQ之所以能广受欢迎，主要是因为马化腾自始至终坚持的一条原则——按照用户的反馈去改善软件功能。

成功后的马化腾在接受杂志采访时说："我们出来做第一个项目，是向各个传呼台卖我们的网络寻呼系统，那时接触到即时通信，当时叫网络传呼机，而OICQ是我们给各个传呼台开发那套系统的一个附属功能。

"我们能够走到现在这一步其实更大因素还是很幸运。我们所处的信息产业，特别是互联网这一行现在来看能够跟国际接近同一个起跑线，我们也意识到整个互联网需要跟中国的国情做磨合，在中国做信息产业要更关注对社会的影响，不能够像过去公司还小的时候，只是看一个产品，或者靠一个人的影响力，或者是为了收入这样单纯地去想，要想得更全面才能适应整个中国的发展。"

这里我们不得不提到马化腾的老东家润讯，它给予了腾讯公司最早的客户资源。腾讯创办之初，先行的产品就是"给传呼台做配套服务"。因为马化腾曾在全国传呼业最知名的润讯公司就职，马化腾由此在各地传呼台总能找得出一些前同事和朋友，这就让他的创业之路从一开始就相对顺利。

虽然马化腾是"模仿起家"的，但是他的众多产品无一不体现着创新理念，以QQ为例，尽管脱胎于ICQ，却克服了ICQ的诸多弱点。

尽管ICQ风靡全球，但国外没有一家企业能够靠它盈利，包括ICQ、MSN这样的"大佬"。作为ICQ的一个"小兄弟"，"腾讯是被迫想了许多方式去寻找盈利点"，QQ创了ICQ软件盈利之先河。所以，如果以商业逻辑论，QQ倒是一个创新的先驱者。

以上是后话。此时的马化腾还在为腾讯的资金匮乏发愁。1999年早期，横空出世的OICQ用户数量激增，腾讯的账目上却收入空空。不善言辞的马化腾的推销路坎坷，迟迟得不到风险投资家的首肯。"那是腾讯最困难的时期，原因在于没能找到盈利模式。"

找不到持久可靠的盈利模式，OICQ的广泛下载和激增的用户数量使马化腾在高兴之余却感到有些"无福消受"。OICQ用户量一多，就需要不断扩充服务器，然而1000多元的服务器托管费，对当时的马化腾而言是不堪重负的。

马化腾对OICQ开始的构想是先做出产品，在市场上证明自己之后，争取到融资。而按照这个思路，在无法获得风险资本投入之前的整整一年里，马化腾只能依靠自己砸钱，试图用腾讯公司其他项目来养OICQ这只只能等待"喂食"的"笨企鹅"。

为了OICQ，腾讯又做网络又做系统，还曾经利用帮人做项目之便蹭别家公司的服务器用。"我们只能到处去蹭人家的服务器用，最开始只是一台普通PC机，放到具有宽带条件的机房里面，然后把程序偷偷放到别人的服务器里面运行。

"当时腾讯算我就三个人，为了能让腾讯存活下来，做网页，做系统集成，做程序设计，我们什么业务都敢接，腾讯当时简直就是个杂货铺。当时公司为深圳电信、深圳联通和一些传呼台做项目，QQ（OICQ）只是公司一个无暇顾及的副产品。"马化腾如是回忆道。

马化腾在2002年的第三届"西湖论剑"上说："创业的第一年里，我们一直喂不饱那只'小企鹅'（QQ的卡通形象），赚钱的模式看不到。那个时候时间好像过得特别快，稍微一眨眼一个月就过去了，意味着你又要给员工发工资了。为了那只喂不饱的'小企鹅'，我们到处去蹭服务器，还到各大高校网站的聊天室里去'灌水'。起初很多人还看不上QQ（OICQ），一边用一边嘟囔着'这垃圾，要不是上面美眉多，我才不用呢'。女孩子是吸引男孩子的动力，破解了用户的感受，QQ的用户数就腾腾地往上蹿。"

那时候腾讯缺乏更新设备的资金，于是马化腾和他的创业团队不得不四处找寻融资渠道。而银行以"没有听说过用注册用户数量就可以办抵押贷款"的说法拒绝了马化腾。

虽然OICQ的用户不断增加，但是一直没有盈利的模式，于是不少朋友劝马化腾忍痛割爱，把OICQ卖掉。彼时，OICQ的注册用户早已破千万，马化腾又面临着一次抉择。

OICQ 到 QQ

有人说腾讯的OICQ软件只是一个ICQ的中文版，在原创度上并没有太大竞争力，确实也是如此。

当时国内整个互联网领域都很年轻，类似于OICQ这种模仿国外软件和网站的制作并不鲜见，对于国内很多互联网企业来说，在短时间内谋求生存和发展，是必须用这种方式起步的。与世界先进国家的产品相比，作为"后进生"，这是一种无奈且必须的举动。

而且，当时腾讯刚刚起步，员工不多，资金不多，这样的条件根本不足以自主研发软件。与此同时，腾讯初创时还是一家名不见经传的小公司，"船小好掉头"，关注的人也还比较有限。OICQ最初被推出，ICQ的老板"美国在线"，对遥远的中国出现这样一个"孪生兄弟"一无所知。

腾讯此举或许能给我们一些启迪。尤其是在创业刚刚起步的时候，怎样选择一条有发展前景的道路是一个十分重要的课题。因为很多新生事物在带来机遇的同时也蕴含着风险，商界里祸福都是难料的，积极学习的好处是可以迅速成长，并在一定程度上规避风险。

腾讯开发出OICQ后，接下来的任务就是将这个软件化为实际的营收。于是腾讯开始寻找买家。那时的市场环境是，国内的一些邮局、银行系统时常会投入大笔资金做项目，对腾讯这样的新兴互联网企业来说，其中的商机是不言而喻的。他们发动各种渠道联系了一些国营和私有企业，向他们推介OICQ，不过别人一听没有挣钱的模式就放弃了。

在寻找卖家的过程中，腾讯一直对OICQ进行不断的改进。

当时仿制ICQ的时候，腾讯就发现了ICQ在中国市场应用的一个弊端：ICQ有个重大缺陷是将所有信息保存在用户端，一旦用户换另一台电脑登录，之前添加的好友信息都将消失。在国外，因为人人都有电脑，这没什么影响。但是在中国，当时上网主要在网吧，这就是一个大问题了。对网民而言，当然希望OICQ上的信息可以被自动存入服务器，而不是PC用户端。

如果不是马化腾对资料和记录进行了技术上的重大创新，OICQ不会在竞争的血雨腥风中存活下来，ICQ也不会被逐步取代，国人也将没有能即时通信的工具。如果短时间内要跟谁取得联系，依然只能打电话。当年的国人是不能把手机作为日常通信工具的。在20世纪90年代末，中国的手机加上号码的钱大约共计

1.5万元左右，以当时的物价来看，手机价格几乎可以跟如今的轿车比肩了。

此外ICQ只能和当时在线的好友沟通，搜索能力也不高，必须按照用户提供的信息来查找好友，总之用户体验上还有很多细节有待提高。

认识到ICQ本身存在的漏洞和不足后，腾讯立刻开始着手改进。不久后，他们编写出一套"服务器中断信息保存"的程序，如此一来无论用户如何更换电脑，每次登录OICQ，之前添加的好友都会被保留。同时，马化腾按照用户的需求，把用户端和服务器功能进行了有机结合，让用户拥有更佳的体验。比如，用户可以对离线好友预先留言，对方下次上线就能看到消息；用户还能根据列表中的在线用户来选择沟通对象。除了以上功能，OICQ还具有一个重要特征，用户可以自由选择个性化的头像。而此后几年，MSN才推出了类似的功能，可见OICQ对ICQ的改进价值。

马化腾敏锐地察觉到，好产品的推广是需要高明的营销手段的，在当时的商业环境中其实正是商业宣传在起作用。综观国内那些得到海外投资的各大门户网站，无一例外都是在不遗余力地进行"广告轰炸"，其覆盖面之大堪称典范。

腾讯公司显然还不具备那样的经济实力，还没有获得过任何风险投资，只有最初攒下的启动资金。如果像那些大手笔网站一样拿出几百万元做宣传，公司是无法维持运营的。经过深思熟虑，马化腾只能寻找其他出路。聪明人总有办法，马化腾把宣传推广的重心转移到BBS。为了推广OICQ，腾讯员工不分昼夜地在国内一些大学的BBS上频繁发帖。

不得不承认，这一招效果显著。根据我国的互联网使用人群状况，当时能接触到网络并基本掌握的，以年轻人为多，而接受高等教育的大学生又是其中的主力军。他们对网络这一新生事物充满兴趣，喜欢上网也有充足的时间。所以腾讯将目标用户锁定在他们身上，要比在广告牌上"广泛撒网"更有针对性。不久，这些"天之骄子"就蜂拥而入了。

同时腾讯员工还会去另外一个大家熟悉的地方推销——网吧。当时的个人电脑还不属于普及电子产品，网吧是人们"冲浪"的最佳去处。熟悉网吧的读者都知道，那里的电脑桌面总会有各种现成的休闲娱乐软件的桌面图标，网吧的"捆绑式软件"十分得力地宣传了OICQ。

经过腾讯团队的不懈努力，OICQ红遍大学校园，只用了不到一年的时间，OICQ就发展了500万的用户！

人红是非多，这时ICQ的母公司AOL忽然找上门来，发函给腾讯，要求腾讯放弃OICQ的名称和相关域名，否则就要告其侵权。

没有办法，腾讯将OICQ改名为QQ2000闪亮登场，同时腾讯也用tecent.com的域名替代了oicq.com。

为进一步规避版权风险，在全新的QQ界面中，腾讯用自己设计的企鹅系列卡通形象全面取代了QICQ里那些来自迪士尼公司的卡通形象。那只憨态可掬的"企鹅"也深入人心，并最终成为腾讯公司标志性的吉祥物。

缺钱险酿后悔事

时间追溯到1999年11月，马化腾正坐在自己的办公室里愁眉不展，张志东和陈一丹大步流星地同时走进办公室。他们坐到马化腾的对面，带来了一好一坏两个消息。

好消息就是，OICQ在发布了9个月之后，其注册用户就突破了百万大关，CICQ、PICQ和网际精灵这些类似软件都被远远地甩在后面。坏消息就是，腾讯公司的账户只剩下1万元现金，很快就要弹尽粮绝。

怎么办？如果不能增加收入，看来只有两条路可选了：一是增资减薪；二是把腾讯卖掉。

考验团队凝聚力的时候到了。股东们一致同意把股本从50万元增加到

100万元。团队成员普遍年轻，自身没有多少积蓄，然而为了公司，都打算咬着牙再次投入。

"五虎将"的月薪也狠狠地拦腰减半：在过去的一年，马化腾和张志东每月的薪水是5000元，其他三人为2500元；这时他们分别减少到2500元和1250元。这个数字即使在当时的深圳，也只够果腹。

相比看不到出路地继续硬挺下去，看来把公司卖掉或许是一个更痛快的办法。一番讨论后，大家决定将腾讯以300万元的价格卖掉。但是买主在哪里呢？

虽然事后大家都不太愿意回首这段极为窘迫的经历，不过从不少人回忆的只言片语中还是可以看出当时走投无路的状态——至少有六家公司曾经明确拒绝购买腾讯公司的股份。

马化腾试图寻求的第一批投资人中，包括腾讯公司当时的房东——深圳赛格集团。时任赛格电子副总经理的靳海涛回忆道："马化腾找了我们好几次，不过没投，因为没人能看懂这玩意儿，可惜了。如果当年投资了，现在起码增值好几千倍啊。"

曾李青也去找自己的老东家——广东电信。据当时曾在广东电信旗下的21CN事业部任职的丁志峰回忆道：那时前来洽谈的是马化腾和曾李青。当两个人走进会议室的时候，我们都把曾李青误认为是马化腾，因为曾李青的派头看起来更像老板。并且在后来的讨论中，曾李青也比马化腾更具攻击性，更像一个拍板的人。

不过虽然大家知道OICQ的用户增长很快，但是，全世界还没有一个人知道它怎么赚钱，只吃不下蛋的"鹅"谁愿意收呢？

令人沮丧的是，几乎所有接待过马、曾二人的企业都表示"不理解腾讯技术和无形资产的价值"，有的企业甚至提出只能按腾讯"有多少台电脑、多少个桌椅板凳来买"，至于对腾讯的估值，最多的开出60万元。

诚实的马化腾在接受采访时承认："谈判卖腾讯的时候，我的心情非常复杂和沮丧，一连谈了四家，都没有达到我们预计的底线。"

而另一方，出身金融之家的陈一丹试图到银行寻求贷款。银行首先抛出的问题就是：你们有什么固定资产可以拿出来抵押？陈一丹回答道：电脑。银行方问：是新电脑还是旧电脑？答：旧的。于是银行方说：对不起，您走错门了。没有固定资产我们不能贷款给您。

在现金链几乎完全断裂的时候，几个创始人不得不发动人际关系，四处向朋友借钱。整座深圳城里称得上点头之交的人都被他们借了个遍，其中两位衣食无忧的朋友分别借给腾讯20万元和50万元。马化腾感激之余向他们提出，是否可以用腾讯的股票来还债？他们纷纷婉拒，有一位甚至慷慨地说："你真的没钱了，不还也可以，不过我不要你的股票。"

在首次推销活动不得其法后，曾李青跟马化腾商量，不如换一批目标客户。

"我们之前找的都是信息产业里的企业和人，他们其实都看不见未来。现在要去找一些更疯狂的人，他们要的不是一家现在就赚钱的公司，而是未来能赚大钱的公司，他们不从眼前的利润中获取利益，而是通过上市或再出售，在资本市场上去套利。他们管这个叫 VC，Venture Capital，风险投资。"

马化腾第一次听到有个名词叫"风险投资"。有了这样的一个新思路，马化腾转移目标，开始与那些有意向收购OICQ的公司谈判。但如此也存在问题。马化腾回忆称："那时候觉得养不起就卖掉吧，但是在卖OCIQ时我们碰到了麻烦。我跟许多ICP（内容提供商）谈，他们都要求独家买断。"

作为商人，马化腾自然是想让OICQ软件多卖几家公司赚钱，于是他在"买断"的苛刻要求下开始犹豫。

1999年，已经是腾讯董事长兼CEO的马化腾不得不冒充工程师，亲自去中北寻呼集团总部调试设备，因为那时的腾讯公司请不起工程师。在中北寻呼集团的总部机房，马化腾手把手教中北方面的张志浩如何使用OICQ。头脑灵活的张志浩敏锐地觉察出OICQ很可能有着巨大的市场潜力，于是马化腾走后，张志浩便向中北的总经理游说要把腾讯买下来。然而，老总听后只认为他讲了个蹩脚的笑话。而这个张志浩后来成为腾讯北京公司总经理。当然，这是后话。

马化腾又去找联想谈判，没想到，连报告都没能递到联想集团负责投资事宜的朱立南手中，就被下面的小领导以"看不懂"为由打发了。

马化腾还曾寄希望于中华网，当年中华网曾豪掷300万美金买下陈天桥的图形化网络社区"天堂归谷"。可惜中华网有自己的判断，虽然没有对马化腾一口回绝，却要求腾讯的OICQ达到一定用户数量再来谈判。

最高的一次出价来自与深圳电信数据局的谈判。深圳方来人把腾讯公司所有的电脑、桌椅数了一遍说，你的公司最多值60万元。而马化腾心理预计是100万元。他一咬牙，告诉自己"不卖了"，自己的"孩子"还是自己留下养。

马化腾事后曾说："我们差点把开发出的OICQ软件以60万元的价格卖给别人。现在有点庆幸当初没有贸然行事。想要在互联网上掘金就不能只看眼前利益。很多很有才华的网络人常常因为没有注意这一点，而失去了长远的机会。"

看着OICQ命悬一线，对马化腾来说无疑是种煎熬："明知道有收入，有前景，可以支撑用户发展，可制约我们的就是没有足够的钱买服务器和带宽，产品的口碑是做到了，可没有资金。"

"每个阶段都有一些（令自己最感动的事情），如果要排序，我记得首先是1999年早期即时通信用户激增的时候，当时公司只有不到10个人，资金非常有限。如何解决在有限的服务器上10万人同时在线成了一件追求极致的难题。当时我们都没有工作时间的概念，睡觉的时候满脑子都是技术上的事，非常痛恨节假日。现在想起来，那一段时间就是黎明前的黑暗。但是不断地在技术上突破，进入其他同行没有进入的领域，还是很有成就感的。"

腾讯CTO熊明华认为，腾讯之所以有如今的辉煌，是因为"当初创业者们有很强的承受失败的能力"。

被问到自己曾做过的后悔的事时，马化腾笑着说："每当我和员工分享QQ用户通过QQ认识并结婚而特地寄来的喜糖时，我就为自己当年因为缺钱想卖掉QQ而后悔！"

Part 2

在泥泞中快速成长

第四章　从挫折中寻找发展契机

融资让腾讯渡过难关

OICQ软件卖不掉，用户数量增长却很快，运营OICQ所需的投入越来越多，马化腾只好四处去筹钱。他在接受媒体采访时说："即时通信还算省带宽的，就一个服务器，一个普通PC机就可以撑得起，后面增长太快，就撑不起来，还要买服务器，托管也是求别人的。到1999年感觉开始有点口碑，我们就开始找风险投资了，包括在高交会上，认识了盈科数码、IDG。"

1999年末，OICQ用户只增不减。快速增长的用户是否也具有投资吸引力？腾讯的几个创始人经过一番商议，决定出让部分股份进行融资。

融资市场不是没有神话出现。奇虎董事长周鸿祎就讲过这样一番情景："那时从美国飞往中国的飞机总是满舱，头等舱里的投资者随便到经济舱里一逛，就能发现几个归国创业者，不少合作就是从飞机上开始的。"当然，故事的背景是网络泡沫破灭前夕的世纪之交。不巧的是，当马化腾决定去融资时，互联网的融资形势已经不大好了。

一年以后的高交会上，马化腾拿着熬夜改写了一遍又一遍的商业计划书，希望能碰到自己的好运气。不过，站在展台前的马化腾极少能引起投资机构的关注。时至今日，回忆起当时的情形，深圳本地一家知名创投企业的投资经理还深感遗憾：虽然当时跟马化腾交谈了两次，但因为对互联网即时通信工具缺乏了解，最终错过了OICQ，也错过了财富。

马化腾曾说："1998年我刚刚创立腾讯的时候，互联网产业在中国正处在蓬勃初期。当时网民300万，不到现在的零头，现在已经超过了3亿，是那时的100倍！那时候的环境还没有这么好，获得风险投资的机会刚刚开始有，但那时候机会也非常小。我们也不太擅长这方面，幸好有高交会，第一届高交会有一个契机，很多投资者会关注深圳这个地方，给我们融资的机会。

"北京有海归的圈子，他们找投资人比较容易。深圳不像北京，对于腾讯而言相当困难。但腾讯也算运气好，风投依据ICQ的成功案例，对腾讯多少也有了些兴趣。盈科数码和IDG两家一起壮着胆子投资了腾讯。"

其实打动这两家公司投资腾讯的，除了那份修改了六七遍，长达20多页的商业计划书外，还有当时广为流传的ICQ以2.87亿美元卖给"美国在线"的故事（1998年，ICQ被"美国在线"以2.87亿美元收购，当时其用户数超过1000万），作为ICQ的汉化版本的OICQ总该值点钱吧！

最早向腾讯投来橄榄枝的IDG合伙人之一的林栋梁回忆道："当时我问马化腾，你的公司凭什么值这么多钱？马化腾就说以色列的ICQ有多少用户，他们卖了几千万美元。我的OICQ有多少用户，所以我就值这么多钱。"2000年4月，OICQ注册数达500万。

腾讯终于迎来了曙光。盈科数码和IDG两家公司决定总共向腾讯投资220万美元，之后他们各拿走了腾讯公司20%的股份。当然，在那些谨小慎微的风险投资者眼中，OICQ仍然是一个看不清楚未来也尚未找到盈利模式的项目。虽然220万美元的投资并不是太高的金额，马化腾也不得不按照合同出让了OICQ 40%的股份。

马化腾本人接受采访时称："困难都是阶段性的。例如早期，融资很困难，虽然我们自信拥有好创意、好前景的产品，但如果不受风险投资青睐，一切都无从谈起，融资的过程压力非常大。直到现在我们仍保持一种危机意识，无论大环境的好与坏，我们的生存道路一直都不轻松。"

融资之后腾讯终于有钱购买服务器和带宽了。不过作为创业公司CEO的马化腾始终不改节俭的作风，仍然自己组装服务器，这与当时互联网企业存在的大手大脚地花投资人的钱的现象形成鲜明对比。

在顺利拿到投资后，能够坚持以比较理性的态度去面对，也是让马化腾感到自豪的事情。马化腾表示："2000年网络泡沫破灭之前，融资是一轮一轮的，大都想着赶紧花完钱再去融资，但当时我就不这样想。做公司要对股东、对投资者负责任，所以现在看新兴公司花钱看不惯……

"我们在拿到风险投资后，没有用来迁办公室，没有大肆做广告，没有烧过钱。提前做到了收支平衡，给整个企业提供了一个务实的风气。"

马化腾拿到钱后最大手笔的举动，是将腾讯的硬件和带宽建设完善了一番。风险投资的重大好处之一就是缓解了腾讯公司的资金压力，进而改善了硬件条件。腾讯公司购买了20万兆的IBM服务器。"当时放在桌上，心里别提有多美了。"

在硬件条件得以改善后，马化腾接下来开展了一系列业务，达到的效果是QQ注册用户在几个月内翻了一番。根据一所知名的全球互联网专业研究公司的调查，截至2000年底，在亚洲地区的互联网实体及网站排名中，腾讯网已跻身中国区第六位。

随着千禧年的到来，腾讯也迎来了它的春天。当你随意走进任何一家网吧，所有屏幕右下角跳动的都是那只可爱的"小企鹅"，人们在网上竞相和认识、不认识的人聊天，不少人甚至仅仅因为QQ聊天很快就学会了打字。

2001年2月，QQ在线用户突破百万大关，注册用户突破5000万人，在国内即时通信市场占有率超过90%。为了庆祝，腾讯公司组织了全体员工的团建活动。再之后，腾讯屡创用户使用数量新奇迹，但再没有什么大型的内部庆祝活动。原因之一是纪录破得太多，腾讯公司上下甚至都感觉到了麻木；二是公司规模扩张，员工数量也迅速增长，组织起来也不方便。

时至今日马化腾依然认为，当年的融资是对腾讯集团影响最大的三件事之一。

"我们能走到今天，其中有很多机遇的成分。其实，我们也尝试了很多，但最后还是觉得这个方向比较可行。公司成立的时候，主要业务是拓展无线网络寻呼系统，QQ只是一个副产品，而且我们开发这个副产品是希望把它卖掉赚些钱。但是在卖的过程中，我们发现ISP（互联网服务提供商）们都要求独家买断，价钱又很不划算，所以我们只能自己养着。但是要自己养着，有一个非常大的问题，就是资金，如果没有风险投资，QQ真的有可能养不大。

"（拿到风险投资）直接的损失是自己手上的股份变少了，其他的管理、经营和基本原则都没有什么大的变化。但是，没有风险投资就没有后面的成长，这才是关键问题，投资者得到回报是应该的。

"可以说，风险投资对中国互联网的快速发展起到了决定性的作用。风险投资培育了互联网公司的种子，而资本市场则充当了孵化器。中国互联网是一个自己生长出来的行业，没有或很少有政府投入，另外，除了早期ICP在海外上市问题上有过限制，也几乎没有什么政府干预。而互联网公司直接与海外风险投资和海外资本市场对接而产生的规范的公司治理结构，也使得这些公司成了最不用担心会出现接班人问题的中国企业。互联网所提供的，正是在中国双轨制的格局下一个难得的比较完整的市场经济的行业模板。"

这段融资经历给了马化腾深深的感悟。"这是一个充满创业机遇的时代，越来越多有理想、有创意、有激情的年轻人为实现梦想而奔忙。创造理想的过程总是充满艰辛的，所幸的是，有了以风险投资为代表的专业投资群体，今天的创业者并不孤独。有人说融资就像走向婚姻殿堂的过程，创业者和资本都在寻找自己的另一半。"

机遇总是垂青有准备的人

2000年4月，纳斯达克指数毫无预兆地突然下跌，几乎所有的知名互联网公司都遭到了重创，互联网的寒冬开始到来。

这期间腾讯的处境也很艰难，互联网泡沫的破裂让投资人开始失去了信心。IDG萌生退意，因为他们觉得腾讯实在太烧钱了。虽然QQ的用户激增，但是还是没有找到盈利的模式。

到了2000年底时，马化腾又开始为怎样能完成进一步的融资而发愁了，这时一位神秘的美国人如及时雨一般出现在马化腾的办公室——网大为，米拉德国际控股集团公司（下简称MIH）中国业务副总裁。

MIH是一家起源于南非、有着深厚背景的企业。它是历史上为数不多的在纳斯达克和阿姆斯特丹证券交易所同时上市的公司。其最主要的经营项目是互动电视和收费电视，每年的收益额都超过了一亿美元，总市值逾40亿美元，在传媒行业自然具有举足轻重的地位。

依照MIH的规划，它希望能够在中国找寻到一家合作伙伴，以此来作为打开中国市场的契机，因此网大为就在中国的互联网企业当中寻寻觅觅。一天，网大为的一个小发现给了他灵感：他发现中国人的电脑普遍是通过一个叫QQ的软件进行关联，QQ可能正是中国的互联网里最核心的资源。因此，网大为想要结识一下QQ背后的老板，他想象着那位老板对他提出投资并购可能会有的种种反应。但是，当他访问QQ的官方主页，他惊讶地发现作为公司的官网，它简单质朴，而且它没有像通常的网站一样留下联系的手机号码和电子邮箱，仅有一个QQ号码。想要联系这位神秘的老板，就必须安装这个名为QQ的软件，而网大为由于担心这个软件可能会存在病毒，所以拒绝安装。

直到2000年6月，网大为才第一次跟马化腾通上电话。事后很久网大为还清楚地记得，当他把自己的公司介绍给腾讯的几位创始人时，那几个中国人笑了起来，并直接指出了网大为所在公司存在的问题。网大为对这群目标明确、清楚地知道自己想做什么的年轻人心生敬意。

网大为敏锐的投资眼光促成了MIH和腾讯的合作。MIH在2001年从盈科集团那里收购了20%的腾讯股权，又在IDG手中购得腾讯公司13%的股权。这样的决定绝非一时冲动。MIH既然看清了腾讯公司不可估量的前途，它就不会只满足于成为参股投资的一员。此后，腾讯一些主要创始人也将自己所持的股份卖给MIH，自此MIH占有了腾讯相当大的一部分股权。

然而持股比例和公司的经营管理并非属于同一个层面的问题，MIH与腾讯创业团队之间是进行过一番专业的协商的。MIH短暂控股时期，腾讯日常的具体经营管理主要还是由马化腾及他的团队负责。虽然MIH方面也派出了两名非执行董事，但他们并不负责腾讯的具体事务。关于这一点，马化腾事后说："钱不是白拿的，腾讯固执地坚持一个原则：不能控股！不能插手经营，就不能随便要人家的钱，要自己一步步想明白了，再慢慢自己滚大。"

柳传志说过如下的话："从理论上讲，资本似乎永远都应该代表企业的长期利益，但实际上确实有资本本身并不代表企业长期利益的情况。这类情况的第一种表现是资本本身站的角度就不够高。比如，现在在中国香港股市和美国股市上，有很多基金经理现在自身都处于动荡的状态。所以可以理解，他们给出的意见不一定是从企业的长期利益来考虑的。

"第二种表现是资本没这个水平。最典型的案例，是AT&T的总裁在1999年至2000年被董事会炒掉。可是，今天AT&T的很多股东都认为当初炒错了。这位总裁当初坚持认为，AT&T一定要稳步前进，不能盲目追风不切实际地扩大。但是，当时周围已经有许多公司做了追求'市梦率'增加而非市盈率增加的行为，引起股票上涨，也引起当时大部分AT&T股东的着急。情急之下换帅，结果使AT&T也义无反顾地加入追逐'市梦率'的大军。"

有些公司在某些情形下，投资方和管理者之间是会产生一些龃龉的。一些企业的管理者更加注重公司的长远发展，而投资方主要看重公司的眼前效益。然而管理者持有的股份不够多，只得束手无策。马化腾从一开始便坚持了"创业团队控股"，这为公司未来的发展提供了保障，可以说马化腾作为团队带头人，具有足够的远见卓识。

MIH也功不可没。它的股权结构稳定，也给腾讯的发展提供了极大的安全感。对MIH、对腾讯融资行动功不可没的网大为，最终也加入了腾讯团队。

对于这段融资经历，马化腾颇有感触："2001年，新投资合作伙伴（MIH）的介入为腾讯带来了较为稳定的发展环境，并且和我们一起走到今天。

"在腾讯的成长过程中，我有一个非常重要的体会是，创业者寻找投资伙伴时应该考虑的并不仅是资本。实际上，投资方能帮到创业者的绝不仅仅是钱。尤其是有经验的投资商，他们对行业都有着深刻的理解与洞察，同时也拥有深厚的行业资源。除此之外，更重要的还有投资商对创业企业整个团队和经营模式的信任、鼓励及对未来风险共担的责任。这些对于创业者来说才是真正弥足珍贵的元素。

"相反，如果投资商不能理解行业的前景，对创业团队缺乏信心，那么其所持有的股份反而可能成为企业在快速发展阶段业务纵深拓展的障碍。不少创业企业都是在最紧要的关头被风投抛弃，功亏一篑。因此，在投资方考察企业发展前景的同时，创业者也应该对投资方进行考察，了解其行业背景，是否能够成为企业真正需要的战略合作伙伴。

"另一方面，风险投资向创业企业投入资金固然是为了获利，但退出只是兑现投资收益的方式之一，并非唯一途径。如同大家看到的一样，在2001年进入腾讯的投资合作伙伴和我们结成战略投资关系，经历风风雨雨，至今仍然和我们在一起并肩战斗。就这一点来说，我认为，投资商未必只是创业企业发展里程中的过客，如果企业有良好的盈利模式和成长空间，他们会乐于与之长期合作。毕竟，与一个已经证明有效的商业模式合作共赢，较之重新评估、考察一个新的创业企业风险要小得多。所以这类风投随着企业的成长壮大逐渐变成战略投资者，并且能与企业家一起打造百年老店。"

2001年至2003年，无论就规模还是利润而言，腾讯的发展都是飞速的。直到2003年8月，马化腾和他的团队把IDG所持剩余股权悉数购回，并从MIH手中回购少量股权。腾讯的股权结构再一次被重组，腾讯创业团队方和MIH方在股权的持有上形成了平分秋色的局面。

终于找到盈利模式

当QQ首次突破在线用户10万人大关的时候，马化腾委托一名网友在新闻网上发表了一篇介绍腾讯的短文，文章发表之后，鼎鼎大名的人民网居然对这篇文章进行了转载。马化腾显然对此感到非常兴奋，他忍不住告诉公司里遇上的每一个人，小QQ上了人民网了。

2001年8月，马化腾比之前感到稍微轻松了一些，因为这时候的腾讯公司已经有了新的财源。具体来说，腾讯和广东移动签了一项协议，协议的具体内容是："经由网络和移动的互通，促使每一个QQ用户都能够和广东地区的任何移动用户凭借QQ和手机短信进行实时的交流。"自此之后，QQ增加了一个新的功能，此举对于广大QQ用户而言不啻为福音。

腾讯和广东移动的合作可谓是顺风顺水。腾讯不仅一举实现了扭亏为盈，而且借着与中国互联网进行"短信争夺战"的趋势，迅速占领了一半的市场份额。

时来运转是一件无法抵挡的事情。自从腾讯开始扭亏为盈，马化腾在商业领域似乎是开了窍，除了势头正好的短信业务，还增加了移动QQ业务、广告业务和QQ会员业务等项目。在这些繁多的业务中，QQ品牌外包称得上是马化腾的一个"小金人"，这项业务使马化腾赚到了不菲的代理费，另一个卡通形象Hello Kitty所赚利润也不过是腾讯的1/2。

"小企鹅"开始发力掘金了，许多马化腾没有想到的商用领域也开始为马化腾带来收益。马化腾曾经深深地感慨道，创业团队的五个人本来没有指望凭借QQ获利，直到广州一家企业主动来拜访，而且带着很大的诚意，直接交给马化腾几十万元的投资，这让马化腾又惊又喜。"小企鹅"也能带来优厚报酬，马化腾终于长长地吁了一口气，他那"愁嫁的千金"居然蕴藏着如此大的商机，这显然出乎他的预料。

马化腾的汗水终于有了回报，也和互联网整体环境息息相关。马化腾当时计划的是，能在赚钱的时候帮助腾讯进行推广，这显然是一举多得。

时间不长，在QQ弹窗的系统广播中不断发布腾讯已经推出各种"QQ小玩具"的消息，并宣称可以在全国许多地方购买。QQ的意义不仅限于简单的即时通信，而是变成了一种文化符号象征。QQ的作用也在无限延展，既有简单的线上交流，也在促使着"网恋"和"网友"这样新的人际关系产生。

2000年8月，Banner的广告首次登上QQ的信息弹窗，一个季度之后，其推广幅度又进了一大步。该年底，据权威的统计数据，腾讯公司的广告收入就达到了150万元，这鼓舞了腾讯创业团队。那时沸沸扬扬的网络泡沫破裂事件几乎没有对腾讯产生任何影响，仅是使得QQ的广告量在2001年2月打了对折，不过一个月后它的广告量又重新得以回升。

"小企鹅"一步步成为"企鹅凶猛"。不少人开始感到好奇，一个小软件成就了许多神话，其中有什么秘诀？如果仔细研究，答案就水落石出了：因为腾讯一直在走"低价位路线"。腾讯每发布一条广告开价为9万元人民币，并且承诺能够让客户的广告在发出后的7天时间里至少被1000万人浏览到。马化腾之所以能对客户如此信心满满地承诺，主要还是因为QQ平台拥有庞大的用户群作为底气。

　　如果说广告是腾讯的传统盈利手段，那么会员制引入收费体系则是腾讯的一个创举，这是腾讯的第二个"印钞机"。腾讯当时一共吸纳了3000多名会员，每名会员一年要交纳120到200元的会员费。虽然跟庞大的用户基数相比，这个数量实在不多，但腾讯仍旧充满信心，这些人就是"革命的火种"。对此，马化腾始终秉持着自信和乐观的心态："一个原因是原先承诺的功能还未推出。另一个原因就是中国电子商务的瓶颈，会费只能汇款或者一卡通划账，相信大多数网友不乐意为了每月20元往邮局跑。"

　　马化腾的话从侧面说明一个问题，制约腾讯会员数量的其中一个因素是付费途径的限制。如今网银、财付通等第三方支付平台的发展，使得任何QQ用户都能在网上轻松交纳会员费，从而打破了上述的这种限制。

　　2001年，腾讯实现了1022万元人民币的净利润；2002年，腾讯的净利润更是达到了1.44亿元人民币，一年的时间利润上涨了10多倍；到2003年，腾讯的净利润为3.38亿元人民币，几乎比上年翻了一番；2004年，腾讯创造了11.44亿元人民币的营业额奇迹，其中净利润4.46亿元人民币。

　　苦尽甘来终盈利，长久以来艰苦创业的马化腾终于见到了彩虹，他也终于尝到了创业成功的成就感。也正是"小企鹅"的逐渐壮大，马化腾渐渐被中国广大网民追捧，他的名字也频频出现在国内外大大小小的富豪榜上。

　　尽管经济宽裕，社会地位也随之增高，可马化腾始终不忘初心。他在接受记者采访时说自己已经养成一个习惯，那就是如果有一个晚上不查看一下QQ用户人数，或者不去检查一下服务器，这一天似乎都不完整。

　　马化腾从一个筚路蓝缕的创业者，逐步成为一位备受关注的成功人士。人们惊叹于他的聪明才智，不断为他送上鲜花和掌声，然而只有极少的人才能够真切地了解他背后超乎常人的付出。

发现新的商机

腾讯初创的低谷期里，为了养活QQ公司一直寻找赚钱的机会，甚至"来者不拒"——只要能赚钱，并且确保QQ的主要方向不变，腾讯都不会放过。在这个过程里，腾讯在不少新的领域发现了新商机。其实，与其说是腾讯为"小企鹅"找到了新的利润来路，不如说他们发现了"小企鹅"潜藏的价值。

2000年底，中国移动正式把"移动梦网"推介给大众，许多人只是知道一个新的业务诞生了，而让大家始料不及的是，这个新出现的价值链条能够拯救一大批互联网企业，其中受益最大者正是腾讯公司。

时代给腾讯的，有机遇也有挑战。腾讯QQ拥有上亿互联网注册用户数量，而且这些用户其实具有很大的消费诉求，但是让人遗憾的是，之前腾讯还没有探求出收费的路径。而移动梦网通过移动电话代收费的"二八分账"协议，让腾讯在黑暗中看到了一缕曙光。马化腾的灵感就这样被激发了。

于是，腾讯公司推出了"移动QQ"业务，这一尝试是成功的。不久，移动QQ就成为移动梦网的中流砥柱，在移动梦网所占份额顶峰时一度达到70%。

2002年和2003年，腾讯一边推出"QQ行"和"QQ秀"业务，一边加强其余领域的拓展，接连向用户推出了短信、彩铃、交友等业务。除此之外，马化腾还沿袭盛大的道路做起网络游戏。

由此可见，当时腾讯为了让"小企鹅"增加更多的利润来源，尝试了一切能够想到的赚钱途径。有人问马化腾为什么如此拼命，务实的他承认：害怕用户被抢走。又过了一段时间，随着宽带业务自身不断完善，网络游戏开始在网吧盛行。马化腾说："从那时起我的危机感就很强，当时微软的即时通信工具MSN在中国也起来了，我当时想，是等死还是找死。"

由此可见，腾讯非常看重用户的价值，为了讨得用户的"芳心"，腾讯不断努力采取各种方法黏住用户，而网络游戏显然对广大用户具有很大吸引力。不过也有人对马化腾提出善意的批评，说他没有专心做QQ，而马化腾认为自己有余力，何以不多做些别的呢？

事实再一次体现了马化腾决策的果断性和超前性，腾讯当初若是只做即时通信，根本不会有现在的活力。

腾讯做资讯门户则另有目的——试图开拓互联网广告市场。广告主考虑的当然是在更加有影响力的网站投放广告，资讯门户比起其他形式的网站来说更加容易产生影响力。腾讯认为，网络游戏的市场规模虽然超过网络广告，但是广告的增长潜力超过了网络游戏，所以好的门户网站才能吸引更多的商家。

努力总是伴随着阻力。习惯了QQ强调年轻化和娱乐化的用户对"小企鹅"的印象业已形成，所以要改变用户的心理期待，就需要全新的名字和标志才能让业务顺利进行下去。除此之外，腾讯也考虑到门户网站和聊天工具应当划清界限，这样才有利于各自的发展。腾讯采取的解决途径是："在不要娱乐的时候就可以抛弃娱乐，在不合适的场景搞一些活蹦乱跳的'企鹅'，那就是不明智、不合适，会让用户感到反感。"

于是就有了千呼万唤始出来的腾讯网。为了让腾讯网成为一个高端品牌，腾讯决定大干一场，在采编领域大规模地"招兵买马"，没想到此举引发了各大门户网站之间人才的频频跳槽。同时，腾讯不忘赞助2010年上海世博会，为自己的综合门户树立良好形象。根据与上海世博会主办方的协议，腾讯不但要负责"网上世博会"互联网平台的总体集成、运行和维护，还要承担上海世博会网络互动平台、电子商务平台等的建设。马化腾表示，腾讯不单单是一个聊天工具，在他们的努力下会有更多的人重新认识腾讯。

马化腾精明干练的领导才能让腾讯的门户网站取得了成功，腾讯的网络游戏深受欢迎，那么接下来就是增值服务这一板块了。

对很多用户而言，增值服务是个陌生的概念。但如果问用户什么是Q币，他们都会恍然大悟。马化腾不错过任何一个细节，无论看似多么微不足道的业务都能直接促进销售收入的迅猛增长。增值服务既保证了腾讯各个部门的正常运转和发展，也为腾讯在门户和电子商务等领域拓展了门路。

2001年，Q卡正式推出，每年120元。不久后，腾讯又开发了付费服务"QQ秀"及棋牌游戏。QQ秀这一装备具有游戏性质，QQ的用户能自由选择虚拟着装。在QQ的好友普遍开始大"秀"起来之后，QQ秀消费也成为一个流行趋势。

QQ秀项目计划伊始，腾讯内部审批的时候，公司上下曾对一个长达八十几页、叙述详尽的PPT讨论了许久，可见当初腾讯公司对QQ秀业务的信心有限。而QQ秀一经发布，就一跃成为腾讯最赚钱的项目之一，也是腾讯增值业务里开疆扩土的一大主力。

亚洲市值最大的上市公司

2001年至2003年是腾讯的规模和利润发展的黄金时期。腾讯经过几番股权结构的重新洗牌，最终形成了上市前MIH与腾讯创业团队各持50%股权的局面。

从腾讯公司2003年的财务报表上可以很明显地看出，资金已不是腾讯面临的主要问题。从腾讯的公开资料可以看出，2004年第一季度腾讯盈收4.5亿元，比上年同期增长87%。然而马化腾显然有自己的考虑，他不想让公司的资金来源被风险投资所局限，为了多元化的融资渠道的形成和发展，让企业的运营更加顺风顺水，马化腾开始筹备融资上市。

与前期的那段艰苦岁月相比，腾讯已经今非昔比，融资算不上什么难事了。举国上下，腾讯的大名几乎传遍了大江南北，马化腾的上市行动自然一路畅通无阻。

接下来的问题是，选择在哪里上市？马化腾说："承销顾问里，六家建议在香港，四家建议在纳斯达克，三家建议两边同时上，搞得我头都大了。香港上市公司的平均市盈率比美国低，但如果我是香港的龙头股呢？"

上市地点最终被选在了和深圳一河之隔的香港。在千禧年之际，新浪、网易、搜狐都在美国纳斯达克证券交易所上市，而马化腾却选择"不走寻常路"，没有和其他互联网大佬们一起"凑热闹"。香港股市比纳斯达克的门槛要高很多，腾讯公司只有在创业板上市之后连续3年盈利，才能够在香港正式上市。

在经过缜密的筹备之后，2004年夏天，"小企鹅"以中国内地最大的即时通信产品QQ的服务供应商的身份，在中国香港创业板开始公开招股，正式面向海外投资者发售股票。这个消息一经公布，中国互联网界瞬间沸腾了。腾讯此前从未走漏过风声，几乎没人听说腾讯公司打算上市。不得不说马化腾的保密工作做得相当严实，这让那些一向对新闻敏感的记者们也措手不及。

腾讯公司永远铭记2004年6月16日，这一天，腾讯控股在香港联交所上市了。按照那时每股3.7美元的发行价格，这意味着腾讯的市值为62.2亿港元！这使得马化腾和他的创业团队涌出了五个亿万富翁和七个千万富翁。

按照团队成员的持股比例来说，马化腾所持的公司股权比例为14.43%，账面金额为8.98亿港元；张志东的股权比重为6.43%，账面财富为4亿港元。另外三名高层，曾李青、许晨晔、陈一丹的股权共计9.87%，账面财富总额为6.14亿港元。其余七位高层分享6.77%的股权，账面共同财富是4.22亿港元。

上市之路再次体现了腾讯的实力和人缘。此前的腾讯积累了较好的用户基础，所以腾讯一经上市，就受到了激动的股民们的热捧。一般情况下，投资者普遍都保持比较理性的心态，对新上市的股票不会急于跟进。但腾讯的股票打破了股民的这一铁则，超额认购数量居然达到了146倍。

而MIH集团在短短几年时间里只花费4000万美元就购得了腾讯公司一半的股权。到了这个时候，MIH却可以坐享腾讯带来的市值超过20亿港元的丰厚回报。

对于腾讯公司上市后筹集到的资金，马化腾打算如何利用？腾讯当时的招股文件表明，马化腾计划把8.18亿港元向新的方向注入——即时通信、娱乐和互联网新业务，对包括电子商务和音乐领域的增值服务开始积极收购。此外，"也不排除在未来收购第三方技术开发商和服务提供商的可能"。而对公司现有的业务，将会花费2.5亿港元进行开拓。

根据专家的说法，从2003年腾讯的营业收入能够看出，即使马化腾不选择上市招股，腾讯也拥有强大的现金流，它想要收购国内一些中小型即时通信和娱乐新业务企业，也是十分容易的。再看2004年腾讯的收入和盈利情况，同样保持着积极增长的态势。所以说腾讯上市仅仅是为了融资是不正确的，因为腾讯方面"不差钱"。

还有另一种说法：大股东为了套现，所以促成了腾讯公司的上市。但是，如果仔细观察腾讯公司在上市时的公司业绩和股东组成结构，MIH很可能已经收回成本，根本不需要上市套现。腾讯为什么要把一大块肥肉交给香港的公众股东，直至今日依然是个谜。

虽然我们对具体细节不得而知，但是马化腾此次在香港上市预示着腾讯的眼光放在本土，这是毋庸置疑的。除此之外，虽然腾讯在上市以后仍然面临一些管理和架构协调方面的问题，不过腾讯的整体运作模式已经渐趋稳定，另外马化腾对腾讯未来的发展也有了更加科学完善的构想。倘若腾讯不积极促成上市，那么它以后可能会因为缺乏动力而后劲不足。

腾讯公司上市了，内部问题也要解决好，员工的激励迫在眉睫。马化腾在一次受访时说："对全体腾讯员工而言，腾讯的创始人和股东都非常重要，第一是融资，第二是提高形象，第三是股份流通和期权。而对吸引人才——特别是高端人才来说，更是重要。"

尽管上市意味着资金不愁，但是隐患也是不容忽视的。回顾国内一些互联网企业，虽然顺风顺水地走上了上市的道路，一夜之间"屌丝"变成"贵族"，然而随之而来的是各种问题：团队早先的一批创业者因为上市带来了巨额的财富，渐渐失去了奋进的动力；而新来的员工再如何努力，薪资上也无法和持有股权的员工平起平坐，于是工作的积极性大受打击。

对于老员工问题，马化腾自己也是心知肚明。面对媒体提问，马化腾把自己旗下的老员工分为两类："一类是确实没有工作动力了，因为一般的激励已经对他们毫无作用了，他们脑子里想的都是自己出去创业；还有一类依然能保持很强的动力，也可以继续成长，即便你没有激励他。"马化腾的言外之意也很明了：对前一种员工，马化腾也没有办法。

企业在福利待遇上的确存在"先来后到"的差异，但是更重要的是能否在岗位上守好本分、用心坚持；一名员工在公司里供职越久，员工激励回报越大。

腾讯上市后的好几年时间里，马化腾一直采取股权激励的方针。2007年底，腾讯发布了"股权激励计划"。具体内容是"股份将由独立受托人购入，成本由腾讯支付，计划由采纳日期2007年12月13日起生效，有效期十年"。这一计划对许多细节进行了明确的规定，包括董事会授出的股份数必须限制在发行股本的2%以内，奖励个人而授出的股份不得超出发行股本的1%。计划实施之日起便一直在严格执行。

腾讯董事会从2008年8月开始，陆续向公司的184名优秀员工授予奖励股份共计101.605万股。此举的目的十分明确：充分利用腾讯公司已有资源，牢牢吸引公司的人才。2009年夏天，又一项大规模的"股权奖励计划"被腾讯董事会提上日程——再次授出818.118万股股份给1250名员工。

当马化腾引领腾讯帝国走向全新的发展阶段时，从未遇到的挑战也接踵而至。对待困难，马化腾从不选择逃避，而是积极求新求变，也因此让企业永葆青春。

第五章　只做会"火"的产品

好产品是"磨"出来的

　　无论是商界大佬还是创业青年，研究用户需求都是他们不可懈怠的职责，用户习惯是不可能靠猜的。每当公司开发出一款新产品，研发者往往对这个挖空心思创造出来的"孩子"倍加爱惜和宠溺，认为他们的心血结晶完美无瑕，不接受外界的任何指正。然而，这样的产品是否真的完美，却需要通过市场来判断。

　　一向正确决策的腾讯公司也曾在该问题上走过弯路。以今日大获赞许的QQ邮箱为例，过去它像一个被惯坏了的孩子，根本不被市场认可，因为用户无法忽略它的笨重和繁复。之后，腾讯公司不得不对它进行回炉再造，从用户的使用习惯入手重新研究和改进。

　　在这一过程中，腾讯形成了一个准则，叫作"10—100—1000"：公司规定下属的产品经理每月必须进行10个用户调查，跟踪100名各类用户，收集1000个用户体验的反馈。这个规定看起来相当"教条"，但在邮箱的改进上起了不容忽视的作用。

关于这一点，马化腾本人有着精彩的阐述："有些产品自认为定位于低端用户，想都不想就滥用卡通头像和一些花哨的页面装饰，以为这样就是满足了用户需求；认为定位于高端用户的产品，又喜欢自命清高。

"其实，这些都是不尊重用户、不以用户为核心的体现。我相信用户群有客观差异，但没有所谓的高低端之分。不管什么年龄和背景，所有人都喜欢清晰、简单、自然、好用的设计和产品。"

每一天都在各条产品线当中反复一个循环："用户反馈—改进—再反馈—再改进。"传统行业从生产到用户使用反馈的周期是比较长的，而互联网产品全然不同，研发团队和用户感受的交互速度惊人，每当新产品或新功能上线，对其有意见的用户立刻就会"把你骂得狗血淋头"。

而面对用户反馈来的千差万别的意见和建议，产品和研发团队显然需要进行筛选。这个过程应当如何把握？腾讯方面同样给出了比较翔实的答案。

"在具体操作中，每个产品团队都有自身的经验、风格和对用户的敏感度，反应机制也不尽相同。了解用户的真正需求，是一件困难复杂的事情，就像1000个人心中就有1000个哈姆雷特一样，除非我们能走进用户的内心，否则就不能很好地把握用户的真实想法。"

在获取用户直接需求信息方面，QQ飞车团队是一个鲜活的案例，它甚至被当作范本。它主要靠以下几个渠道获得信息。

一是QQ飞车论坛。互动娱乐游戏产品论坛的出现并不是新鲜事，而QQ飞车论坛的出彩之处在于"策划交流区"板块。飞车团队的员工定期出现在该板块中收集网民的"吐槽"，作为后续版本优化和新功能开发的参考资料。

二是QQ群。QQ群是腾讯的传统优势，负责QQ飞车开发和策划的团队成员每人的私人QQ上都有至少一百位玩家好友，以及十几个QQ飞车游戏的玩家群组。在这些地方可以收集到最直观的玩家体验。

三是用户调研。每当发布新版本，QQ飞车团队都会进行版本满意度的小调查，对于新开发的玩法和功能，飞车团队在正式发布前也会组织玩家小范围地数次体验，随时了解用户对游戏的需求和态度的变化。

四是对数据实时监控和异常数据预警机制。QQ飞车的负责人保持对数据变化的敏锐，从变化伊始就迅速找出引发异常数据变化的根源，同时进行有效处理。

移动互联网崛起，腾讯也需要从PC端游戏转向手游，手游领域的"一鸣惊人"显得尤为重要。腾讯公司推出的首款手游叫作"天天系列手游"，而腾讯很好地完成了这个项目，并取得了相应的成功。

找专业的人，做专业的事，是腾讯行事快捷高效的法宝。当手游项目在公司内部立项后，由姚晓光带领团队快速推出了五款战略级手游产品。姚晓光可谓是该项目"正确的人"。他是中国最早一批游戏制作人，专业经验是不言自明的。姚晓光显示出的强大的团队领导力和战略眼光，使得腾讯手游一炮而红。

这也给了我们启发。危急关头面对难题，企业一定要挑选出最适合攻坚的核心领袖，给予信任和放权，为其提供足够的资源让他尽情施展才华。

找对人之后就是做对事。做事之前的战略方向定位是个重大问题。而腾讯手游所定位的是一个"短中长期"的差异化战略，从渐进直到彻底地满足用户不同层面的娱乐需求。"短期，专注于休闲以积累用户；中期，强化玩法深度和盈利性；长期，定位于细分领域的大作。"

这个战略一经提出就得到公司高层的首肯。后续的努力方向以这个战略为蓝本。首次推出的"消消乐"游戏主打休闲娱乐，市场反响不俗。

职场新人常会听到别人建议："在创业公司，你能学到更多。"其中一个原因就是万事会从无到有，一个员工会系统全面接触很多。而工作时长和强度也会充分打磨一个职场人的韧性。

腾讯手游团队即是如此。从组建之日起，所有员工开始进行疯狂加班，前三个月每天都集体加班至凌晨。而且他们的加班不是因为拖延和磨洋工，他们有目标，有许多问题要解决。在如此氛围下，员工怎能不充满斗志呢？

腾讯公司绩效考核文化和扁平的结构组织对激励团队斗志有着相当积极的作用。团队运作效率提高，工作的热情和积极性也就这样被激发了。

专业人士点评说："腾讯手游这个项目，采用了稳定版本的方式，快速迭代，小步快跑，持续优化产品。并且对于产品的细节进行严格把控，做到了常人难以想象的尝试和重复次数。有个细节就是，光是'消消乐'中的消除物，就做了50多版，并且确定消除物之后，还进行了多种风格的尝试，包括扁平化、毛玻璃、偏金属等各种风格。"

当时，设计"天天消除"时，一名设计师的作品非常精美，可是却不符合用户玩游戏时的审美。经过调查研究，团队发现用户更青睐时尚可爱的风格，从而否定了该名设计师的精美作品。而另一个游戏"摩登城市"开发团队，最开始把用户定位为一二线城市的高校学生，而推广之后才发现三四线城市的宅男、宅女更欢迎这个产品。团队的设计者于是将游戏界面的建筑风格调整为三四线城市，增加"美发店""美甲店""小菜馆"等，让用户感更加亲切了。

具有独到见解的马化腾说："一、不要一开始就设定宏伟目标，而是把目标放到最低，事情是一点点细致做出来的。不能指望说要做10亿或多少亿，如果我们当初这样想早就死了。这会左右你每一步动作，接下来你会发现很多细小的事情都不做了，看到服务器有问题也不紧张，老想着10亿、100亿怎么搞，那就完了。如果我放在今天创业，顶多做点小软件满足自己的爱好，现在的时势变化太快了。二、要看做的事情有没有用户价值，只要事情做对了成本就不会太高，有价值、不放弃就肯定有回报。三、把产品打磨得好用一点，用户自然会体会到你的心意。我们的好产品全都是这样琢磨出来的。腾讯的成功最初是运气，后面就是整个团队一场场硬仗打出来的。"

用产品去赢得用户的"芳心"

客户青睐什么样的产品？有人表示"内容为王"，也有人说"用户至上"。以上两种观点并没有冲突的地方。想要赢得用户的"芳心"，产品的内容是一切的前提；直击用户的"痒点"和"痛点"，企业才可能立于不败之地。

腾讯公司就是一个不可多得的例子。它之所以能将市场做大做好，是其背后有着数量庞大且忠诚度高的用户群，而这个深厚的"群众基础"恰是腾讯对用户心理进行多年研究后的回报。

一只"小企鹅"能够成为钻进用户肚子里的"蛔虫"，感受和收集着用户的不同诉求，同时根据"民意"不断改进、完善公司各项产品，让用户获得最佳的体验。

马化腾的观点是，设计产品最难的步骤是定"优先级"，也就是先后次序。精益求精的马化腾对公司所有产品功能的判断，可远远不止是让下属提交一个统计流量的报告。报告往往不能涵盖更多内容，且极具主观性。马化腾希望产品经理在产品设计之初就充分地考虑一切有关体验的问题，足够关注和热爱产品本身，只要有极大的热情，结果通常会比较令人满意。

腾讯公司十分重视产品的核心功能，他们致力于帮助用户解决各种需求，因此他们在处理问题、节省时间、提升效率等方面颇有心得。腾讯对产品经理的要求就是："有能力、有信心做到对核心能力的关注，要热切地渴望将速度、后台做到极致。"

一次，马化腾不是很满意腾讯的网页速度，经过工作人员优化之后有了明显改善。马化腾于是说："不知道之前你们都做什么去了。"一向务实的他说话的目的很明确："一个存在负面体验的产品让用户忍受了这么久，这样做既是在浪费时间又是在浪费腾讯的资源。"关注产品性能是腾讯人的职责。

在马化腾看来，用户体验要有技术突破点。"QQ影音"未及问世，网上已经出现很多同类型的软件，如"暴风影音"这种老牌的软件，其评价一直不错。而用户出于习惯，一旦选择了某个软件，基本不会随意更换。因此马化腾一开始就指出不能将"QQ影音"也做成一个同质化的产品，否则即使获得推广，充其量也是个二流产品，无法在用户心中留下深刻印象。

于是，马化腾要求关注产品的硬指标，设计者和开发者必须考虑到挑剔的用户会将这个软件和同类产品比较，如清晰度、流畅度、所占内存大小等。因此"QQ影音"在正式推出之后，之前的努力都获得了良好的市场回馈。

而所谓的硬指标也存在于诸多方面，在选择上也是可以有所取舍的。如网络播放、交流分享等，这些都被腾讯的"QQ影音"所摒弃。在马化腾看来，用户需要的是一款播放器，这才是他们最基本的需求，而高清和3D效果只能说是"锦上添花"。特别是对系统老旧的计算机，如果它能用"QQ影音"顺利地播放较大的视频文件，用户就会相当满意。

归结起来，马化腾对产品的要求无外乎是要让产品的核心能力达到最佳。一旦实现"最佳"，就能够通过技术领先于对手，让竞争对手无从追赶或是大费周章才能赶得上，产品的优势才是最好的"广告"。

用户的反馈也的确如此，不少用户认为自己使用QQ最大的体验就是传输文件的速度很快。用户的反馈既是腾讯的指路灯，也是优势，腾讯公司上下都在关注这些反馈，以确保优势加强。例如QQ的"离线传文件"，起到了文件中转站的作用，用户即使传输的是超大文件也没关系。事实上，尽管这一类功能并不被用户群体经常使用，可是当用户一旦开始使用，他们就会对"腾讯出品"颇具好感，好感度决定着用户的使用黏性，一旦产品优势获得体现，腾讯的品牌价值也将随之提升。

在后台保障方面，马化腾依然将产品经理看作"先头部队"，因为产品的更新和升级都要仰赖产品经理配合才能完成。在腾讯公司内部，不少产品经理都不是研发出身，但是腾讯很多产品和服务都需要大量的技术背景。基于上述情况，马化腾着手让更多承担过前后端开发的资深研发人员获得晋升，成为产品经理。马化腾认为："一个好产品最好是被送到一个有技术能力和经验的人手上，这样才能让大家更放心。相反，一个产品经理如果不合格，需要拉着很多人陪着他一起干，那么最终的结果往往不会让人满意。"

无论何种企业何种产品，口碑的关键性毋庸置疑，而口碑的来源往往是一些高端用户和意见领袖的热切关注点。如果说以前马化腾的思路是"抓大放小"，满足最基层的庞大用户群体的需求，那么随着腾讯的发展壮大，马化腾越来越看重高端用户的体会和选择。

接下来的问题是，如何增强高端用户的关注度？腾讯认为这是在基础功能足够优秀的前提下才能考虑的问题。产品格局业已成型，腾讯对高端用户同样需要换位思考，比如允许用户从QQ邮箱切换和使用别的邮箱。虽然这些看似是微不足道的技术改良，但如果腾讯彻底杜绝用户使用外部邮箱地址，反而会失去许多用户。方便用户才能赢得肯定。

在口碑的积累方面，马化腾认为："在腾讯的某一个产品没有口碑的时候，就不要滥用平台。产品经理最需要关注的一个点是让用户感到满意。如果别的点都做好了，唯独这一块是空白的，那么用户只能给你一个差评。另外，随着用户数量的不断激增，用户自身也会帮助腾讯推广他们使用得非常满意的产品，所以这个时候切不可天天发广告打扰用户，不然可能会适得其反。"马化腾对待产品的研发和推广一向是非常谨慎的，每增加一个新内容、做一个广告推送都要考虑再三，以建设性的心态提升产品口碑。马化腾深知口碑建立得不易，一旦毁掉，再想挽回则难上加难。

马化腾让腾讯的产品不断增加新的功能，同时，对功能的管控也颇有感悟。当某个产品的核心功能开发完成，常用功能是要紧随其后被补齐的。产品想要获得优质口碑，设计者就必须要考虑清楚每一个功能的优势和不足，某个功能给一些人带来好感的同时，是否会给其他用户带来不快。其中的问题十分复杂，多动脑筋才是解决产品自身存在的冲突的途径，商业人士要学会针对不同的情况做不同的处理。总结说来，"功能多"未必是最好，用户使用满意舒心才是真正实用的。

马化腾反复挂在嘴边的是："想要发现某个产品在哪些方面存在不足，最好的办法就是天天使用，这样才能敏锐地找出到底什么地方让用户不满意。"他接着说，"假设产品经理从产品上线开始一直坚持使用三个月，总会发现问题的，哪怕一天只能发现一个，最终也能将问题统统消灭掉，从而让腾讯的产品逐渐接近良好口碑的终极目标。"

马化腾给很多产品经理的建议是："不要因为这项体验的工作没有什么技术含量就不做了，事实上，很多优秀的互联网产品，基本上都是通过这个看似很笨的方法做出来的。所以，只要凭借着一颗坚持之心，一颗对用户的负责之心，迟早都会有突破，最终都会让一个产品定型成功。"

仅仅以QQ邮箱界面上的"返回"键放在哪儿这一细节来说，腾讯就颇下了一番苦功。有人提议放在左边，也有人建议放在右边，既然大家无法统一意见，就放到线上进行测试，最终才有了结果。此外，腾讯对产品的要求是务必符合用户的使用习惯。例如，用户在写邮件的时候要使用复制、粘贴功能，大部分人惯用键盘操作，这时候就要让软件迎合用户的这种需求才行。

"将用户的体验时刻放在第一位。"始终铭记这句话，才能为企业的发展寻求新的前景和出路。正是坚持"用户体验为王"，马化腾才能带领腾讯热情高涨地持续阔步向前。

让用户真正"上瘾"

不知有多少腾讯用户对腾讯产品着迷！不仅仅是QQ，还有微信、视频、游戏等。互联网的发展和智能手机的普及对腾讯来讲无疑是好事一桩，腾讯产品的用户黏性越来越强，许多用户纷纷表示"无力自拔"。大家不仅习惯了生活中有腾讯产品的陪伴，而且具有深深的依赖和信任感。

腾讯一直在思考，如何让腾讯产品保持对基数庞大的用户的持续吸引力。换言之，核心就是让用户"上瘾"。

毋庸置疑，不同的产品给不同用户群体带来不尽相同的成瘾性。因此不能把一般的应用和社交、游戏等本身耗费时间的应用粗暴地拿来对比。然而，腾讯在多年的实战中的确总结出了一些较成熟的经验，使得公司开发的不少应用都能为用户提供更完善的体验，并且让用户在反复使用过程中逐渐增加每次使用的单位时间。腾讯看重四个字：持续吸引。

让用户上瘾是腾讯的"绝招"，总结起来有八条。

一、简洁明了是王道

如今，互联网和无线应用大行其道，"简单明了"显然是产品设计的重要原则。腾讯从不设计种类繁多的下拉菜单，也不会用眼花缭乱的功能键把用户吓跑，这些直接影响用户体验的事情马化腾是不会做的。无论腾讯产品的目标群体如何变化，它都会尽量让操作简单化，甚至要让小孩子也能随意使用。

例如微信，很多时候我们需要做的操作动作就是点击和滑动。就拿"刷新"这个常见功能而言，有的软件程序单独设置某个按钮，使用的时候就较为麻烦：要找到这个按钮，准确地点击。这种操作尤其是对于较小的屏幕和较粗的手指而言，确实平添了不少麻烦。而腾讯在微信中"刷新"功能的实现仅仅是拖放屏幕就能做到，这就是腾讯一直提倡的简约风格。

二、用户可以"一心多用"

腾讯策划每一款应用，都会先考虑用户会在何时何地使用这个软件。大体而言，假设某种软件在操作时需要投入太多的注意力，或者需要过长的响应时间，用户的使用体验便会大受影响。

以QQ为例，它的操作可谓十分简便。用户可以边聊天边浏览网页，而且不会占用过多注意力，尤其在腾讯QQ"合并会话窗口"这个功能推出后，用户跟多人聊天的过程中也能迅速找到交流对象，电脑屏幕也可以迅速被释放。对软件的每一次改良都是在保护用户专注度不会被过分地消耗。

不难理解，作为软件的开发者都希望用户可以在辛苦开发的应用上多停留一些时间，但是实现该目标的方法并非是让用户焦头烂额或是委曲求全，而是应该提升软件自身的价值。只有产品不出现缺陷，用户才不会对企业失去信任。

三、让用户享受控制感

心理学家做过相关研究，人们拥有绝对自主权、能够自由地进行选择的时候，心情是最好的，这种快乐很多时候超过了人们对物质和金钱的渴望。这项研究可以带给企业启发：许多用户使用某个软件时，都希望能够在操作的过程中尽情地享受控制权，包括对时间、目标及使用方式的控制。

腾讯开发的"QQ宠物"就是一种模拟"掌控"的游戏。它通过让用户控制虚拟的企鹅宠物，让用户形成"我是主人"的心理优越感，以满足用户深层次的心理需求来增加用户黏性。

四、通过微创新来对用户形成刺激

互联网产品为数众多，想要让用户对某个应用产品"上瘾"，就要让他们产生一定的正面的使用体验，并让用户生发出"微弱的正面情绪反应"。

为什么要特意强调它的微弱？

答案显而易见，仅通过一种虚拟的软件是很难实现过于强烈的使用体验的，此外随着时间的推移，用户很容易产生身心疲惫的感觉，一旦他们"玩累了"，就会对这个应用心生排斥，很可能到了一定的阶段就不会再使用了。所以，为了保持用户对应用软件的兴趣，腾讯总是绞尽脑汁地让腾讯的产品给用户提供一些渐进性的刺激，既能让用户重复使用，又能消减他们的负面情绪。

例如，风靡一时的"QQ农场"和"QQ牧场"，一直以来试图通过不断升级，不断出现新的菜种、物种来吸引用户的目光，而不是忽然推出五花八门的产品让用户兴奋到疯狂，最后反而因为玩得太过投入丧失兴趣。

腾讯更清楚一件事，在追求创新的过程中绝不能因为过于追求创新而做出太过夸张、让用户难以接受的东西。因此腾讯的所有产品都保持稳定的更新和升级，而不是盲目地改版应用，更不会更改用户已经习惯的各种操作。一旦用户在使用"熟悉的"的软件时看到陌生的界面就会产生抵触情绪。

五、关注用户的意识和潜意识

为吸引更多用户"上瘾"，腾讯总是别出心裁地做出很多创意，让用户在使用时不断有新的体验。而在这个过程中，腾讯会注意通过意识和潜意识向用户传递必要的信息，同时让用户和应用软件之间能够进行良性互动。

举例，一些QQ游戏会强调分数的增长，让用户看到如果继续玩下去会突破又一个分数的关口，这种通过潜意识来暗示用户不断体验的方法，能够最大限度地促使用户继续使用该产品。

六、吸引用户不断地使用

腾讯推出的很多与财富相关的QQ游戏，都会让用户凭借简单重复的游戏过程得到积极的反馈信息。比如玩一些麻将棋牌类游戏，能够赢得一些虚拟奖励等。获得虚拟奖励的使用体验从心理学角度讲会让用户的大脑释放出更多的多巴胺。多巴胺是一种作用于神经系统的化学物质，能够影响人的情绪，一旦激活了多巴胺，用户对该软件的使用就能起到愉悦身心的作用。一旦用户形成习惯，他们的大脑就会希望再度释放多巴胺，刺激行为活动继续进行。

七、让用户"炫起来"

每个人潜意识中都想超过别人，无论是在现实世界还是在虚拟世界。腾讯看到了用户心中普遍存在的这种心理状态，因此在设计和开发软件时很注重这种体验。无论是QQ会员的提升还是黄钻贵族的显示，都是在做隐性的"炫耀"。在QQ和微信这样的社交软件中，点赞功能也是"炫耀"的一种手段，它能够让用户感觉自己受到了好友的关注，也可以变相向其他人炫耀自己的"好人缘"。炫耀心理促使用户一次又一次地使用软件，这就为腾讯赢得更多的创收渠道提供了可能。

八、持续夸奖用户

玩过老虎机的人都有这样的体验：赢钱之后，机器会发出很大的声音；哪怕赢的钱很少，机器的声音之大依旧很夸张。这既是一种吸引潜在玩家目光的方式，也是在营造一种反馈。

在虚拟的软件应用世界里，腾讯也重视反馈的手段。在连连看游戏中，当用户成功地消除掉几个图标之后，系统会发出很大的声音，这就是为了让用户感到"备受尊重"，激发用户继续玩下去的兴趣和欲望。虽然从表面上看，这种吸引用户继续使用的手段没多少"技术含量"，但只要坚持以这种手段来刺激用户，就会让用户不由自主地循环使用这种产品。

如今，应用软件市场的竞争越来越激烈，只有做到"让用户上瘾"，才能打开一条挖掘财富的最佳通道。而马化腾带领他的团队在摸透用户心理这条路上不断总结经验、积累技巧，最终成功地对用户心理有了清晰的认识。

QQ 分销大放光彩

一位资深的互联网从业者感叹："腾讯从来不是第一个吃螃蟹的人，但捡到的螃蟹总是最多。"

腾讯花费数百万元一次性买断"开心农场"，并更名为"QQ农场"。在"QQ农场"正式上线后反响惊人，最高时每个月能为腾讯创造5000万元的收入！而农场休闲游戏当初在人人网月入仅为100万元。"开心农场最初在校内网上线，只是在学生中间流行。在开心网推出后，在白领中开始流行。在腾讯空间上线后，就几乎变成了一场全民运动。"腾讯的一位高管说。

业内人士都知道，美国的Alexa（www.alexa.com）是一家专门发布网站世界排名的网站。以搜索引擎起家的Alexa创建于1996年4月，目的是"让网友在分享虚拟世界资源的同时，更多地参与互联网资源的组织"。Alexa不仅为世界提供了多达几十亿的网址链接，而且悉心地给每一个网站进行了排名。Alexa是当前拥有URL数量最庞大、排名信息最翔实的网站之一。

据Alexa2007年10月的一次统计，腾讯旗下的门户网站QQ.com的浏览量当时全球排名第16，而同样来自中国的新浪网全球排名第21，搜狐全球排名第28，网易全球排名第37。一位后来者轻松击败了苦心经营十多年的传统门户三强，其中最主要的原因是QQ新闻弹窗。

很明显，QQ平台的威力无人能及。众所周知，平台活跃用户数量是一个很重要的因素，也是平台人气的指标。截至2013年3月31日，QQ即时通信的活跃账户数达到8.25亿，最高同时在线账户数达到1.73亿。如果把QQ看作一条超级商业街，这条同时有1.73亿人街道的商机可想而知；如果把QQ看成一档节目，就有1.73亿名观众正在收看这档节目，我们可以想象，这档节目的广告收入多么可观。这么多活跃人数，决定了QQ平台巨大的威力。

腾讯大部分产品都以图标的方式附在QQ上。在QQ2009版面板的"开通服务"中，上面一共有52个图标，也就是说，腾讯至少已经提供了52个服务。QQ2009版把这些项目和服务整合在一起，利用QQ庞大的用户群基数，将各种产品推送到数亿QQ用户面前。空中网董事会主席兼CEO王雷雷形容QQ平台"插根扁担也能开花"，这话生动地反映了腾讯推广互联网增值业务的轻松。此话也一针见血地指出了腾讯几乎都比别人起步晚却后来居上的主要缘由。

我们来看一下QQ邮箱是怎么用QQ平台推广的。所有注册了QQ的用户都免费拥有一个QQ邮箱，名称是"××××××@qq.com"。进入QQ邮箱的方法很多，在QQ软件的顶端、界面上每个好友的网名下面、QQ群的名称下都有一个QQ邮箱的跳转链接。

马化腾使用QQ平台的时候非常谨慎，要求腾讯的产品经理把50%以上的精力用在产品开发上，只有产品经测试比较成熟时，才能使用QQ平台。

我们再以教育类直播为例。先看看其他公司的做法。百度于2014年1月在百度教育中开设"度学堂"，打造拥有海量免费资源的在线课堂；随后，腾讯也不甘落后，推出了自己的在线教育平台"腾讯课堂"。

腾讯公司副总裁梁柱表述"腾讯做教育的意义"时说："三年前，腾讯提出'内容+连接'的核心战略的时候，最重要的是以社交平台为基础，去连接不同形态的内容。希望教育能够成为其中非常重要的一环，能够成为腾讯内容战略里面最为重要的一部分。"

跟"淘宝学堂"等在线教育平台比起来，"'腾讯课堂'通过模拟真实课堂对在线教育进行创新，为在线教育注入了新的活力。这种模拟课堂打破了以往在线教育平台缺少课堂互动的窘况，还可以依托腾讯QQ客户端的强大功能辅助教学实现线上的即时互动，给教师和学生带来了全新的体验"。

据官方人士称："在腾讯的在线用户中，青少年占据了很大的比例，这与教育机构的目标群体高度吻合，为腾讯涉足在线教育提供了保障。QQ不仅拥有海量用户，而且非常稳定，遍布广大的三四线城市与西部地区，吸引了大批因地域偏远或无力支付优质教育费用的学习者，从而有力地促进了"腾讯课堂"的发展。

"QQ拥有积累多年的音视频能力，可以达到流畅高音质的课堂直播效果；QQ群视频教育模式可以实现在线播放PPT影片等，同时具有分享屏幕的功能，既便于教师直接对电脑屏幕某一区域进行操作，也便于其他用户直观地看到该区域的操作；QQ群视频教育模式中还设有评论区，这就为师生提供了探讨的机会，方便师生之间的即时互动，通过与QQ客户端在产品底层的深度整合，使腾讯课堂得以最大限度地模拟线下课堂。

"QQ群具有天然的群聚效应。学习者可以通过'腾讯课堂'加入机构认证的官方QQ群，在群内与同学、教师互动学习，甚至可添加教师为好友，实现一对一的在线教学指导。教师和教育机构则可以通过QQ群对课堂和学生进行管理，如群主可以通过名称判别入群的学生身份，通过数据了解学生的学习情况等；机构可以借助在'腾讯课堂'绑定的QQ群建立课程表，而群成员可以通过课程表查找课程直接点击进入网站报名，以此实现对群内用户长期维护的效果。"

"腾讯课堂"的商业化转型显然是成功的。为了激励机构把在线课程做得更好，"腾讯课堂"还公布了一项商业化模式——优课计划。腾讯负责人对"优课计划"的蓝图是："在将商业化收入投入到流量建设和教学能力、内容建设的同时，建立课程质量奖惩机制。为了更好地支持优质机构在平台上成长，'腾讯课堂'将对优质机构进行奖励，奖励覆盖面超过30%的入驻机构，其中对优质机构最高奖励可达到该期学费的10%。"

对于"优课计划"，腾讯在线教育部副总监郭学亨的解释是："所谓优课计划就是对课程做得好的机构进行奖励，比如分A、B、C三等奖励，A就是全额的10%返还，B级6%，C级3%。"他强调，课程质量一直是"腾讯课堂"的生命线，未来仍将携手合作伙伴为学员提供优质的学习体验，共同营造健康、良性、共赢的在线教育生态。

两年四个亿，微信的奇迹

对于腾讯而言，2011年1月21日是个值得纪念的日子。这天腾讯推出了微信——一个专门为智能终端提供即时通信服务的免费应用程序。就像大多数智能终端上的软件一样，微信支持跨通信运营商、跨操作系统平台，而且能够通过网络实现快速地发送和接收信息，所消耗的流量也非常少。此外，微信上面还集成了摇一摇、漂流瓶、公众平台等广受用户欢迎的服务插件。

微信一经推出，立即受到了广大移动客户端用户的青睐，在2012年3月29日，微信用户一举突破一亿大关。从零到亿，前后用时仅433天！

微信一诞生，有人欢喜有人愁。对于广大用户来说，这个可以发送语音、类似对讲机似的小玩意儿，确实充满极大的诱惑力。然而，对通信运营商来说，微信的出现不仅让本已日薄西山的短信、彩信业务雪上加霜，甚至给传统的语音业务也带来了极大冲击。

现如今，微信已经成为拥有将近四亿庞大用户群体的"巨无霸"，要想在移动互联网方面有所建树，微信就是摆在所有创业者面前的大山，任谁都躲不掉。

事实上，当初微信刚刚推出，人们仅仅是把它当成一个移动社交工具。然而，随着微信公众平台的推出，越来越多的草根创业人士发现了微信存在的巨大商机。于是，微信公众号以星火燎原之势复制了几年前微博的繁荣，一批批微博草根大号迁移到了微信公众平台上。

与微博相较而言，生于移动互联网时代的微信显然具有更大的产品优势及发展空间。移动互联网的出现让碎片化时间能够被充分利用，所以微信在这个全新的舞台长袖善舞。现代人的工作生活节奏越来越快，能够坐在电脑前悠闲地浏览资讯的时间越来越少，而微信则成为人们在等待乘车或吃饭时打发无聊时光的最好选择。打开手机就刷微信已成为大家的选择。

从传播角度来看，微博是一种广播，而微信是一种窄播，但是微信却因为个性化而比微博更能打动相对应的受众。

无论是在电脑互联网还是移动互联网时代，人们的第一需求都是获得信息。人们处于信息爆炸的时代，并不缺少信息，而是缺乏寻找有价值信息的时间和精力，而微信订阅号正好可以满足人们对这一类信息的需求。尤其是微信公众平台包括的各种内容供应商，让信息与用户之间能够匹配。虽然信息订阅并非微信首创，但是在电脑互联网时代，传统的电子邮件订阅已经显得落后，人们越来越发现，自己更需要的是能随时随地获取所需信息的最佳应用。

在微信逐步由封闭走向开放之后，很多应用软件制作者感到了恐惧。自从"3Q大战"后，马化腾一直将"开放"作为腾讯发展的主题，当然这种开放不是绝对意义上的开放，准确地说，是抱着宽容的心态和搭建平台的思维，一步步地将整个互联网中的参与者有机地结合在一起。

虽然和微信相比，还有很多更专业、更强大的移动资讯APP，如"网易新闻""多看阅读"，等等。不过它们可以看作电脑互联网产品在移动端的延伸，和创业者没有什么关系。微信则不同，它不仅是一个APP，而且是一个拥有将近四亿用户的移动应用集成平台。无论是个人还是企业，只要你的内容很丰富，有吸引力，你就能够吸引一大批忠实的粉丝。为此，我们可以将微信看成一张桌子，上面摆满了山珍海味，当你对桌上的菜肴不满意的时候，就可以换掉重新再上。更有人预言，微信能让现在一半以上的APP变得没有存在价值。

现在，各类微信公众平台集合了更多的应用内容，其中包括吃喝玩乐等项目，而且每一种应用后面都会聚集一批专业的人在操作，直接向广大用户提供各种针对性的服务。

相比之下，那些单纯依赖操作系统而生存的APP就要差得很多。虽然目前腾讯还没有做出像GoogleGlass（谷歌公司推出的一款"拓展现实"眼镜）

这样的产品，但不要忘了腾讯的手中还有一个不断进化的"小Q机器人"。只要将微信、QQ和小Q机器人结合在一起，所产生的巨大影响恐怕连腾讯自己也难以预测。

当然，微信的火爆并不意味着其将一直持续下去，毕竟曾经盛极一时的博客、QQ群和微博已经成为前车之鉴。因为人们接收信息的时间和精力总是有限的，所以当你只有几十个QQ好友和十几个QQ群的时候，你就会积极地找人聊天和查看QQ群信息。然而当你的好友达到几百个、QQ群有几十个的时候，很多用户会不由自主地让自己处于"隐身"和"忙碌"状态，正如现在很多人将QQ群屏蔽了一样。

微信也是一样的道理，当一个用户关注了十几个微信公众号的时候，手机就总会发出振动，让用户感到焦躁不安，哪怕是设置了取消提醒也解决不了信息过载给用户带来的烦恼。如果每个人关注的公众号的合适数量是15个，即便按照每个公众号每天推一条信息来计算，四亿微信用户每天能够接收的推送信息，其总量上限则至少会达到60亿条。因此，如何解决上述问题，腾讯任重道远。

马化腾认为，过去包括华为、中兴、海尔等国内知名企业已经"走出去"了，然而中国的互联网企业确实要更加落后一些，国际化并没有取得成功。为此，他说了这样一段话："过去中国的互联网模式都是从美国复制过来，走出去不太可能。随着移动互联网浪潮席卷全球，很多国际互联网巨头自己也并没有准备好，或者受限于原有PC或者Web服务和习惯的牵绊，（他们）很难做出纯移动互联文化的产品。现在亚洲的移动互联网和手机一定程度上发展速度比西方还快，这给了中国互联网企业一个千载难逢的机会。"

在微信正式向美国本土渗透之前，为了预热，微信早就在我国港台地区和东南亚国家展开了布局。在这些地方，微信投放了为数不少的广告和明星代言，以此来提高自身的曝光度，从而广泛地培植起一批"种子"用户。然而在美国市场的情况却不太乐观，毕竟微信刚刚起步，用户只能局限在华人和中国留学生这个圈子里。所以，微信能否在美国复制在中国的成功，现在来看还很难预料。

现在，微信已经被马化腾当作探路国际化的一种武器。马化腾相信，微信的创新速度已经超过了欧美的同类产品，比如开放性的平台、商业模式的嫁接、朋友圈社交……这些都是腾讯的独创，和原来的产品相比有了很大的差别。

微信的迅速崛起，给运营商的短信、彩信等传统业务带来了巨大的挑战，于是出现了"微信收费事件"。

从2013年2月底开始，一条关于电信运营商要向微信收费的传闻引发行业震荡。同年3月31日，工业和信息化部部长苗圩在第二届"岭南论坛"上讲到，将支持电信运营商的合理需求。谁知这个消息放出之后，立即遭到了广大用户的反对，用户认为自己已经花了流量费和网费，再对微信收费的话等于双重收费，严重损害了消费者的利益。2013年4月23日，工业和信息化部新闻发言人张峰在国新办例行新闻发布会上表态：互联网和移动互联网等新业务是否收费，不是由哪一方来决定的，而是由市场来决定的，工信部将坚持"其经营者依据市场情况自主决定"的原则。从这之后，微信收费风波暂时得到了平息。

这次"收费风波"的背后，我们可以看出运营商们主张"微信收费"，是由于被马化腾的微信步步紧逼，在自身收入日益减少的窘境下提出来的，不过这个提法却引起了广大用户的反感。从马化腾的角度来看，他当然也深知腾讯目前和运营商之间关系的敏感和微妙，不过他认为微信的产品概念和运营商提供的通信服务并不相同，也不属于传统运营商的业务范畴，所以未来的发展方向将趋于合作，而非对抗。

第六章　多领域的"遍地开花"

弹出来的"门户"

腾讯网终于千呼万唤始出来了。这个新生的门户网站究竟能走多远呢？关于这个网站，马化腾将其定位为一个娱乐型的青年门户网站，旨在打造中国时尚娱乐的第一门户。同时，马化腾还要追赶无线客户端的发展潮流，让腾讯网的产品功能延伸到无线服务领域，从而对网站上的网络电影进行推广，发挥其在新闻广播、音乐点播及电子商务等方面的作用，最大限度地满足用户的现实需求。

显然，马化腾是想通过腾讯网从侧面作用于整个互联网的神经脉络，实现门户意义上的增值。这样规划的目的，也是和新浪、搜狐和网易这三个巨头作一个定位上的区分，避免和它们展开面对面的竞争。

腾讯网的优势在于，它拥有庞大的QQ用户群的支持，而且主要的用户构成是一些年轻人，所以马化腾才将腾讯网定位为年轻人的网站。

一直以来，马化腾的商业策略是"学习+差异化"。他的确是从不少同行或者前辈那里模仿了一些东西，但是每一次模仿之后，马化腾都能有所差异，这其中包括脱胎于OICQ的QQ，包括后来的QQ影音、QQ秀，等等。也正是这种差异化让马化腾虽然没有走到创新的前列，却始终站在成绩的顶端，这是让很多同行不得不钦佩的地方。

为了给网站增添人气，马化腾推出了一系列活动进行造势，比如"牵手QQ演绎生活童话——2003QQ之星"全国征选活动。随后，马化腾又和摩托罗拉等合作方开展了"梦幻明星直通车"的活动，让为数不少的QQ用户热情澎湃起来。他们蜂拥至腾讯网站报名。同时，大笔大笔的银子流进了"小企鹅"的账户之中。

据说，因为腾讯网一下子太火爆，庞大的信息量让服务器过载，马化腾立即添置了几十台服务器，这才缓解了危机。由此可见，在他的筹划下，腾讯网的发展速度已经走上了一条快车道。

随着推广活动如火如荼地开展，马化腾又推出了一款新产品——腾讯迷你首页。这个小东西的出现，让不少用户眼前一亮：原来门户网站还可以这么玩！

所谓的"腾讯迷你首页"，是一个将海量信息经过筛选和整理之后的"新闻荟萃"，用户可以通过这一个小窗口自由选择他们关注的热点新闻，点击之后将转到腾讯网上。当然，这个"迷你首页"是和QQ关联在一起的，每当用户登录QQ之后，"迷你首页"就会随之出现，让用户在第一时间看到。

除此之外，马化腾还设计出了"新闻弹窗"，及时播报那些刚刚发生的新闻趣事，让用户随时随地掌握最新资讯。与此同时，马化腾又在腾讯网推出了"全球连线"服务，一旦有重大事件发生，一个很特别的QQ号码就会出现在腾讯网的专题上，用户可以通过QQ号跟这个号码进行连线，时刻关注事件的最新进展情况。

这些创新策略让不少人对门户网站刮目相看，或者准确地说，马化腾为腾讯网找到了一片"蓝海市场"，既避免了和三大巨头的硬碰硬，也通过一系列的创意吸引了大批用户光顾，可谓一举两得。在马化腾走了这样一条路线之后，国内其他的门户网站却难以复制这种成功，因为他们不是马化腾，因为他们没有数亿人的用户群。

面对腾讯网这个后起之秀，门户三巨头也做出了反应，它们纷纷推出了自己的客户端软件，打算和马化腾一争高下。然而这些策略对"小企鹅"来说，实在构不成什么威胁，因为此时QQ的注册用户已近六个亿！如此庞大的用户群，根本不是一两个客户端能对付得了的。

腾讯网上线之后先后发布了八个内容频道，随之而来的就是一些新业务的诞生，如QQ邮箱、网络电台等。无论是小游戏平台还是个人相册，再或者是搜索引擎等，都被马化腾纳入了"开放性网络世界"这个体系中。这种兄弟产品的诞生和发展，也在帮助腾讯网日趋完善。

就在马化腾费尽心机地在门户网站市场中准备占有一席之地时，这个战场上也有其他人怀揣着梦想在拼命地战斗，比如王雷雷、周鸿祎和杨元庆等人。尽管竞争激烈，但是马化腾无所畏惧，他决定按照勇者先行的惯例，在做好门户之后大量招纳人才，充实他的战斗团队。有意思的是，在马化腾吸纳的这些新人当中，有不少是丁磊和王雷雷用过的人。当然，和过去的老公司相比，这些跳槽到腾讯的精英们似乎找到了更能发挥自身聪明才智的地方，同时也要承受着门户三巨头的压力，可谓挑战和机遇并存。

所幸的是，不管腾讯网的前景如何，马化腾始终充满信心，他一直朝着"门户前三"的方向努力着。

从2003年底上线，马化腾只用了短短三个月的时间，就让腾讯网位列中文门户排行十强。2006年3月，腾讯网的覆盖量仅次于新浪而位居门户第二，其访问量也是紧随新浪和搜狐之后位列第三。到了2006年4月，著名的Alexa排名给出了一个令人震惊的结果：腾讯已经超越了以新浪和搜狐为代表的传统门户网站。到了2006年6月，腾讯网连续一个季度在流量方面稳居门户网站前三甲，而且连续五周超过门户老大新浪，成了仅次于百度的第二个中文网站。而且，当年腾讯网每天的访问量是四亿人次，成为门户网站中一颗闪耀的新星。

看来，马化腾的"门户前三"并非是一纸空谈，而是一步步地由梦想变成了现实。

尽管在排名上占据了优势地位，但是对马化腾来说，想从整体实力上压倒门户三巨头还需要时间，毕竟它们在中国大多数网民心中已经具备了难以撼动的地位，很多人刚开始接触互联网的时候就是登录这些网站，这种"怀旧心理"和"先行效应"不是仅凭主观努力就能超越的。

正是因为对前景的不确定，马化腾在谈到"门户前三"的时候是这样说的："我们会进入门户前三，前三中有一家会是新浪，另一家我不知道是谁。"

在上海举办的"2005中国风尚大典"活动中，腾讯网代替了新浪和TOM成为大典唯一的合作伙伴。另外，从当年的Alexa报告中可以看出，腾讯网在世界上的排名是第八，这就意味着马化腾带领着他的门户网站进入了新的发展阶段：桌面门户阶段。

所谓桌面门户，其实是腾讯网和门户三巨头最具差异性的地方：它能够通过QQ将"新闻迷你首页"弹入到用户的电脑桌面上，这种快速的传播方式是其他门户网站不具备的。

新浪和搜狐采用的是一种集权式的门户新闻传播模式，而腾讯和它们都不一样，是一种典型的Web新闻2.0传播模式。这种传播模式的特点是互动式、社区式、聚合式及个性化媒体新闻传播，和网易比较相似。应该说，腾讯网显然引领了一场革命，这主要体现在以下几个方面。

一、"社区用户和全面业务布局"的新形式

以"腾讯新闻迷你首页"为例，它是一种传播方式上的大胆突破和尝试，通过增强门户网站的流量和收益，形成了一种"门户+IM+网络广告"的

模式。随着"腾讯迷你首页"的爆红,很多互联网公司也将视线投射到这个领域中,开始了寸土必争的抢夺大战,比如微软的IE、MSN和IG等,只是这些竞争者不具备强人的比拼优势,在和腾讯角逐的过程中败退而归。

二、草根娱乐性

报业已经从过去的机关报纸、休闲报纸发展到了都市类报纸的阶段,即从精英文化走向了草根文化,这是时代的变迁沿革,也代表了社会的发展趋向。因此,腾讯网将新闻视角由俯视变成了平视,对一些社会大众关注的民生问题进行了报道。从这个角度来看,腾讯网和新浪、搜狐走着不一样的路线,因为后二者明显走的是精英路线,跟腾讯的门户草根化相比不具备优势。

三、阅读需求的变化

在Web2.0时代,社区用户的需求已经跟着新媒体一起发展了,借用马化腾的话就是"腾讯网是典型的以社区聚集用户,以内容满足用户,反过来以用户成就社区"。其实,马化腾所说的就是一种在线生活的3C模式:围绕着成形社区进行全面的业务布局,为社区用户提供一定的信息,从而起到沟通、娱乐和商务的作用。

四、发展的可塑性

在Web2.0时代,媒体的互动性让广大用户充满了参与感,也使产品更具吸引力。腾讯网不仅仅是新闻,而是进行了全面创新,相继推出了QQ订阅新闻、QQ新闻连线和新闻竞猜等内容,这些栏目帮助腾讯网在整合信息资源方面打造了一个有价值的平台,也让网民参与进来成为可能性。

可以说,马化腾将腾讯网打造成了一个颠覆传统的新闻运作平台,集合了现代互联网文化中的许多时尚元素,促进了人们更广泛的交流和互动,将新闻报道推到一个新的高度,为他的"开放性网络时代"做了一个完美的铺垫。

群聊功能开启网络社区时代

2002年9月，马化腾受马云之邀，赶赴杭州参加第三届"西湖论剑"大会，这是一向低调的马化腾第一次在面向全国的领袖论坛上出现。

"西湖论剑"由擅长公众演说的马云发起，是早年互联网业界最出名的行业领袖峰会。2000年9月，马云和著名的香港武侠小说家金庸联名发出"英雄帖"，邀请天下豪杰到西湖边"品茗论剑"，受邀到场的有王志东、张朝阳、丁磊和王峻涛，他们都是当时公认的互联网界的明星创业家。

2001年9月，第二届"西湖论剑"举办，受邀领袖有六人。马云、张朝阳和丁磊如约到场，新浪的王志东因业绩不佳已经被董事会驱逐，代替他来的是新任首席执行官茅道临。第五人是已经被迫离开了危机中的8848公司的王峻涛，第六人是盈科旗下的TOM在线的行政总裁王兟。

2002年，由于三大门户网站还没有从寒冬中彻底苏醒过来，掌门人都拒绝与会，所以，受邀来到杭州的五位嘉宾全数是新面孔：搜索网站3721的周鸿祎、著名求职网站前程无忧的甄荣辉、联众游戏平台的鲍岳桥、专事在线旅游携程网的梁建章及腾讯公司的马化腾。他们五人被认为是泡沫破灭后的幸存者，也是互联网业界的"二线人物"，当时被称为"五小龙"。

马化腾在这次论坛上表现得有点心不在焉。当地的一名记者曾经对所见的马化腾如此描述："马化腾，作为QQ的创造者，被冠以'QQ先生'的称号。和QQ给人先锋、前卫的感觉很不一样，马化腾一点儿也不新潮，虽然一身休闲西装的他看上去还挺年轻的，那副金丝眼镜也给他增添了几分文绉绉的气息，但怎么看也不像那个造出可爱的小家伙的网络大侠。即使他在脖子上挂条红围巾，也没有半点儿QQ的样子。"

在"西湖论剑"上，马化腾第一次见到了比他年长一岁的日后"强敌"周鸿祎。这位身材结实、小个子的湖北人曾就读于西安交通大学系统工程系，毕业后在北京方正集团当程序设计员。1998 年 10 月，他辞职创建 3721 公司，推出"3721 网络实名"。为了扩大用户，他开发出了一款插件式软件，以弹出窗口广告的方式，在浏览器地址栏上把"3721"强行安装进用户的电脑，"3721"因此被视为流氓软件，周鸿祎也得了"流氓软件之父"的名号。相比拘谨寡言的马化腾，个头矮小精干的周鸿祎显得活泼外向得多，他常能妙语如珠，赢得掌声一片。在论坛上，周鸿祎调侃："我们五个人中，只有马化腾最不成熟了。"所有的人都听得一惊，周鸿祎慢悠悠地说："因为我们四人都结婚了，他没有。"

如他所说，马化腾还没有学会在公众面前应对自如。在接受采访时，他除了描绘腾讯的远大前程外，就只是着力于介绍2002 年 8 月推出的QQ新版本。在这个升级版本中，第一次出现了群聊功能。

这个功能的灵感来自腾讯内部的"饭友团"文化。那时候，腾讯内部存在很多"饭友团"，中午下班前大家通过邮件讨论并决定午餐如何解决，由于邮件存在延迟，且回复意见比较混乱，很难迅速达成一致意见，经常还会出现人员遗漏问题。针对这些问题，便有人提出这样一个设想："能不能在 QQ 上建立一个固定的人员列表，列表中人员可以同时参与即时讨论呢？"

据回忆，第一个提出 QQ 群设想的是产品经理秦鹏程，主管技术开发的张志东和吴宵光及时抓住了这个灵感。在 8 月的新版本中，QQ 用户可以自主建立 QQ 群，邀请好友加入，随时进行聊天，分享文件、图片及音乐；同时，群动态功能还能帮助用户即时了解群里的大事件和群友的最新变化；此外还有群成员名片、群备注、群动态、群消息接受方式设置、群聊精华等多个展示性、互动性功能。张志东在功能定义中写道："QQ 群是为 QQ 用户中拥有共性的小群体建立的一个即时通信平台。比如可创建'我的大学同学''我的同事'等群，群内成员有着密切的关系。QQ 群功能的实现，一下子改变了用户的网络生活方式。用户不再一个人孤独地待在 QQ 上，而是在一个拥有密切关系的群内，共同体验网络带来的精彩。"

群聊功能的开发，可以被看作腾讯在即时通信领域中的一个突破性创造。它开创性地将传统的一对一的单线索关系链升级为多对多的交叉型用户关系链，突破了原有交流模式的局限。QQ 群的发明，彻底地改变了网民维系关系链和在线互动交流的方式，标志着社交网络概念在中国的萌芽，而这比 Facebook 要早 18 个月。张志东日后说，在推出群聊功能后，QQ 实际上已经建立了一个类熟人的社区圈，尽管它不是实名制的，但是邀约及集体聊天的过程，意味着用户之间的关系是"熟悉"的。

2017年3月14日，微软（亚洲）互联网工程院宣布，继微软小冰在去年成功登录腾讯QQ厘米秀平台之后，微软小冰将进入QQ群聊。

目前，群主只要将QQ升级到6.7版本，即可在群管理设置中邀请小冰进群。拥有实时情感决策对话引擎的小冰，不仅可以与群用户进行实时对话，还支持语音和图像的多感官交流。除了聊天功能外，QQ群聊小冰还开放了测天气、猜成语、占星术、对诗等群游戏和群管理技能。

引入小冰后，QQ群主将获得其由腾讯QQ官方授权的群管理技能。同时，根据过往小冰在社交媒体上的表现，引入小冰的QQ群的活跃度预计也将有很大的提升。微软小冰在腾讯QQ平台的公众号也已开通，QQ用户还可以关注小冰，进行一对一的实时交流。

在群聊方面，马化腾显然具有"连接世界"的野心。而至于腾讯如何利用群聊功能展开更辉煌的商业画卷，马化腾又该如何挥洒他的才华，就让我们拭目以待吧。

微软的"十字军东征"

2005年5月11日，微软互联网事业部正式对外宣布，他们已经跟上海联合投资有限公司一起成立了合资公司，将MSN推进到中国。

马化腾早就料想到了MSN会有大张旗鼓和腾讯抢占蛋糕的这一天，这不仅是之前微软时不时透露出来的各种意向，也是他观察和分析后得出的结果。只不过当这个消息正式公布出来之后，还是让马化腾感到了些许压力。虽然QQ和MSN相比具有一定的本土化优势，但微软在互联网界有着超凡的地位和实力，一旦它认真起来和"小企鹅"较劲儿，谁胜谁败还真的不好说。现在，马化腾唯一能做的就是见招拆招了。

其实感到压力的不仅是马化腾，中国的其他互联网企业也在紧张地观察着微软的一举一动，他们都很清楚，MSN只是微软挺进即时通信市场的一支先头军而已。除此之外，微软还将向各个领域发动进攻，所以它所带来的威胁是针对整个中国互联网行业的。

2005年6月2日，一个惊人的消息在网上爆出：东方宽频传播有限公司、赛迪网、猫扑网、淘宝网、北青网、Englishtown、联众世界、指云时代和人来车网九个MSN的合作伙伴，一起从幕后走向了台前。

"外来和尚"加上"本土和尚"，这种组合让马化腾不由得倒吸一口凉气，他知道微软凭借自身的实力再加上国内互联网企业的推波助澜，会让MSN的这次"十字军东征"掌握十足的胜算，对"小企鹅"的威胁将是致命的。

事实的确如此，当时中国很多的内容服务商都想和MSN建立关系，除了赛迪网，其他八个网站都是通过竞拍的方式加入到微软攻守同盟中的。据说，当时参与的每一个网站，其加盟费都达到了千万元人民币以上。

微软选择的这九个合作伙伴，几乎都是当时中国互联网中最赚钱的网站，它们包含了最流行的业务和最强劲的发展态势，可见微软是带着横扫中国市场的气势而来的。

淘宝网一位执行层的负责人回忆，淘宝跟MSN合作的利益分享方式是这样的：客户在MSN上进行淘宝购物、打广告所产生的收益全部归MSN所有，而淘宝在这方面没有一毛钱的分成。这就让人感到奇怪了，既然没有收益，淘宝为什么要参与进来呢？对此，淘宝方面的解释是，其希望通过跟MSN的合作来获得流量，因为MSN上的用户很多，而且高端用户为数不少，淘宝可以凭借这种资源共享来拉动它的流量。

当时，淘宝每天的流量是7000万人次，它计划在和MSN合作之后再增加3000万人次。而且，淘宝对这种合作也十分放心，因为在MSN的购物平台上，淘宝是唯一的合作伙伴，它有专门的手段去检测从MSN上过来的流量。

从MSN发布的新闻通稿可以看出，淘宝在九个合作伙伴中的地位举足轻重，可见此次MSN的东进战略是在筹划着下一盘很大的棋。

当时MSN为了能够顺利打开中国的即时通信市场，积极在各个领域寻找合作人，从开始寻找到最终敲定一共花费了半年的时间。后来，MSN为了获得互联网信息服务业的"中国准入证"ICP牌照，在上海通过合资的方式成立了上海美斯恩。可是到了后来，微软放弃了申请ICP牌照，转而将合作伙伴加盟作为他们进入中国的方式。由此可见，微软对中国互联网市场的熟知程度已经提升到了新的层次：借助现有的资源去当一个躲在幕后的高手。

抛开微软对中国市场采取的商业策略，单从对付竞争对手这个角度来看，它也有着过人之处。微软通过各种捆绑策略，让竞争对手无话可说却又不得不面对现实。当初，微软捆绑IE浏览器，让网景公司一蹶不振，如果微软继续这种策略，那么等待QQ的将会是更加可怕的局面。

其实，在当今这个万事追求"双赢"的社会中，对于MSN来说，跟中国的本土企业相结合是非常明智的选择。一方面，微软能够通过其在中国市场的影响力赚到不少的合作费，另一方面还可以借机让MSN顺利地渗透到中国互联网市场中的各个角落，不给竞争对手转圜的余地。微软显然明确了自己的发展方向：多方渗透，全面造势，这样才能全面占领市场，和腾讯这样的即时通信巨头进行对抗。

相较微软的借力打力，美国在线、雅虎中国在这方面的商业策略就显得逊色一些，因为它们没有找到可以适应中国特殊国情的扩张之路。

来自MSN的挑战，可以说让马化腾忧心忡忡，不过他并没有乱了方寸，因为他在和MSN对抗的过程中，也从对方那里学习到了新的招数。在此之前，马化腾的用户策略是瞄准20岁以下的低年龄用户，现在MSN来了，他也必须要从对手中夺回那些高端的白领用户，这样才能壮大腾讯的用户群，从而和MSN展开寸土不让的阵地战。

在一次电视对话中，马化腾说了这样一段话："从通信市场来看，我们现在最大的竞争对手确实是MSN，即时通信市场是目前我见过的互联网应用竞争最激烈的市场，大大小小算起来超过40家。这个行业技术门槛不是很高，但是易学难精。即时通信价值在于它的用户群越大，产业价值才越大。所以要有一定的先发优势。"

马化腾讲了这番话之后，也坦诚地表示自己面对MSN的咄咄逼人感到了生存的压力。由此，一个问题摆在了马化腾面前：在和MSN一决雌雄的时候，QQ的核心竞争力到底体现在什么地方呢？

马化腾觉得，QQ用户群定位更偏重中国本地的年轻用户群体，而这个群体具有结识陌生人的需求。相比之下，MSN在这方面体现出的产品定位则有些不同：它是将MSN和E-mail相结合，而这种结合方式恰恰证明了MSN主要服务于熟人之间的交流，其联络性超过了社交性。换一个角度来看，QQ是在"向上"渗透，而MSN是在"向下"发展。

一个"向上"，一个"向下"，从表面上看好像互不相干，但认真分析一下就会发现，MSN的向下和QQ的向上，恰恰是在同一条车道上的相向而行，双方不可避免地要进行激烈碰撞，而谁的实力更强，谁就有机会在这场可怕的碰撞中存活下来。

MSN来势汹汹，腾讯又该如何应对呢？

商务办公谁为王

在MSN发起挑战之前，腾讯对QQ的衍生品也做了开发，设计出了一个名叫"BQQ"的软件，也就是面向企业用户提供的即时通信收费工具。当时，中国地产巨头——深圳万科集团就是BQQ的忠诚用户。

在正式推出BQQ之前，QQ在万科已经成为一个非常流行的即时通信软件，上至总裁王石，下到普通员工，至少有一大半的人在使用QQ，而且不少人都开通了移动QQ功能。公司员工之间的联系，基本上都是通过移动QQ和短信。不过，腾讯经过长期观察发现，QQ这种娱乐功能突出的通信软件，如果直接用在企业上存在不少缺陷，于是在倾听了一部分使用者的建议和意见之后，对QQ进行了改良，于是就有了BQQ。

在BQQ推出之后，万科上下立即全线安装，所有的员工身份都由服务器网管来制定，让万科的组织结构和同事身份一目了然，避免了找不到人和认错人的情况。因此从这个角度来看，BQQ让企业办公发生了革命性的变化。

当时不只万科，其他一些企事业单位也将BQQ引进到了日常办公的体系之中，比如北京金山、青岛海尔等。它们都是通过BQQ来搭建一个企业上下级自由沟通的桥梁，同时也将BQQ当成和客户之间沟通的主要工具。

经过一段时间的摸索和实践，腾讯认为，IM类软件的核心竞争力，体现在即时通信用户区和社区的经营上，并非是谁占有的用户多谁就是老大。随着市场份额的不断拓展，BQQ完全可以从原有的用户群渗透到别的IM软件的用户群体中。所以从这个角度来看，MSN的争抢并非都是坏事，只要腾讯经营有方，一样可以将原本属于MSN的用户转化成QQ自己的用户。

腾讯的这个结论，其实也来自当时对QQ用户群体分析后的尴尬。在网络游戏流行之前，用QQ聊天是很多用户上网的主要内容，也正是QQ大行其道才带动了中国网吧铺天盖地式的发展。而迅速发展的网吧其实也给QQ的竞争对手不小的打击，因为不少人上网只认识QQ，对其他软件的识别性不高，体验也不够好。然而从另一个方面来看，由于去网吧的大多数是一些年轻人而非商务人士，所以QQ无形中成了"草根IM软件"的代名词。甚至在一些大公司中，QQ的端口号被封锁住，不让员工使用。

就这样，QQ似乎成了都市白领和学生之间的分水岭。正是由于这个原因，MSN才有机会进入中国市场，它凭借着高雅商务的产品属性，打动了不少上班族的心。而一旦被一部分商务人士选用，MSN就会像病毒一样在商务人群中迅速传播开来，其资源特性决定了很多人必须使用这个工具，否则将会被所在的圈子抛弃。

不过，这两个圈子并非是矛盾对立的，而是在不断变化之中。学生成长为白领和商务人士之后，会在继续使用QQ的同时选择MSN，从而让两个原本并不相干的群体发生重叠和交叉。当然，使用QQ是一种习惯，而选择MSN是一种需要。不过即便如此，MSN还是具备了QQ不具备的一些优势。

MSN的应用界面是非常简洁的，而且没有任何广告的骚扰，仅凭着这两个特征，就足以让一些QQ用户转移阵地。在腾讯看来，MSN所具备的优势，腾讯在短时间内也无法获得，因为腾讯不可能将广告全都去掉，而且由于QQ自身所带的娱乐性，窗口也很难像MSN那样简洁。也正是因为这些先天性的因素，"小企鹅"面临着前所未有的危机。当然，更重要的是MSN有微软的强力支持，即便走错了一两步，也能够凭借自身实力扭转颓势，而没有任何后台的腾讯则不一样，一旦犯下致命错误，将会一败涂地。

从这个角度来看，QQ必须在保持本土化和年轻化的前提下，朝着高端用户群进军，否则将不进则退，彻底败给微软。

2004年，腾讯推出了一款名为"Tencent Messenger"的软件，简称为TM。这个TM的定位和产品特色，完全是为了对抗MSN应运而生的。如果说QQ是针对个人用户，那么TM就是一款成熟的针对企业用户的即时通信软件。相较于MSN，TM在适应商务办公环境中的表现并不逊色，这也展现出腾讯对产品细化的新战略。

和QQ一样，TM也是免费软件，用户可以通过QQ号码和手机号码进行申请，如果使用的是手机，那么在申请成功之后就会自动绑定手机，这样做的目的是增强用户"好友"身份的真实性。同时TM也没有QQ上的那些广告，界面也做到了简约大方。除此之外，TM还增加了"智能秘书""行业黄页""名片"等商务功能。从这个角度来看，腾讯对TM的设计和研发真的倾注了很多心血。

可以说，TM无论在产品风格上还是功能上，都和MSN别无二致。而MSN在看到TM上线之后，也对其进行了吸收和模仿，双方之间的产品差异化越来越不明显，基本上处于一种相互影响、相互竞争的状态。不过，对于腾讯和微软来说，它们围绕即时通信软件的战斗才刚刚开始。

腾讯和微软之间的战斗越来越激烈了，双方不光拿出了看家本领，也在小心翼翼地提防对方"出大招"，所以都及时地将自身的弱点转化为优势，防止在对战中处于下风。很快，腾讯推出了"Tencent Messenger 2006新春版"，支持其他E-mail账号的开通和登录。如果拿这个新版本和旧版本相比，大家会发现之前的版本只能通过QQ号码、手机号码和QQ邮箱进行开通和登录，这显然是腾讯TM在软件开放性上的重要进步。

可以说，腾讯TM的这种调整，意味着TM和MSN在高端商务领域中的争夺越来越激烈，马化腾显然也想通过这个开放性的改良，让原本青睐MSN的用户转移到TM的怀抱中。

正是因为之前马化腾对商务领域的重视不够，才给了MSN趁势进入中国的机会。现在，他及时调整了产品定位和商业策略，希望能将丢掉的阵地重新抢回来。不过从另一个角度来看，这个战略新布局对马化腾来说也是利弊参半的。

有利的一面是，TM用户群体得到了新的拓展；不利的一面是，QQ注册相比过去减少了。但如果从整体来看，马化腾的这一招还是利大于弊，因为他认清了一个事实：MSN没有注册门槛的服务方式吸引了很多用户加入，而且不容易被陌生人骚扰的产品定位让商务人士很是喜欢。因此，腾讯如果再不采取实质性动作，QQ将会彻底沦为年轻人指间的玩物，而失去更高层次的品位。

2005年下半年，腾讯和微软的IM之争变得更加激烈和复杂。这时候，腾讯在香港成功上市，在资金上有了底气。反观MSN，虽然其门户网站也在中国发展得不错，但是和本土的一些门户网站相比，MSN的内容要贫乏不少，难以吸引更多的用户。因此，无论是IM市场还是内容网站，腾讯的优势依然要超过微软。为此，马化腾说了一句话："目前，IM的竞争已不仅是即时通信软件之间的竞争，更是综合实力的较量。"

不过，微软虽然在气势上不占优势，但是它毕竟还有一帮实力不俗的"小兄弟"，这也成了马化腾的一块心病。为了对付微软广泛结盟的策略，马化腾实施了新的阻击MSN的计划：一方面他调整了腾讯门户网站的版面，另一方面从专业领域中寻找战略盟友。

当然，马化腾的计划仅仅是对抗MSN的一个序曲，经精心策划之后，腾讯还将在新的领域中拉开新的战线，丝毫不给MSN继续发展的时间和机遇，要让它在立足未稳之际败在"小企鹅"的脚下。

改变从现在开始

2005年12月31日，在2005年的最后一天，腾讯忽然做了一个"小动作"，更换了腾讯网的标志，以绿黄红三色轨迹线环绕的"小企鹅"标志代替了之前的QQ"企鹅"形象。有意思的是，这次网站换标竟然没有召开新闻发布会，也没有什么通知，这让一些用户感到很突然。

　　虽然只是一个标志的替换，但是对腾讯来说，这是一个全新的开始，公司为了这一天的到来准备了一年多的时间。因为就在腾讯成立七周年之际，腾讯将公司的组织架构进行了重新调整。

　　新年换标志，其实表达了马化腾的一个心愿：他希望用户能够一改过去"腾讯网＝QQ"的观念，让大家将他的门户网站和即时通信软件分开来看。虽然在2005年一年间，腾讯提出的"在线生活"并没有呈现出一条清晰的路线，但是腾讯杀进门户网站所付出的努力有目共睹。这告诉大家，腾讯不仅仅是IM软件，电子商务、电子邮件及搜索引擎等业务已经全盘上线。正是这样的一个商业扩张政策，让人们觉得腾讯的模仿功力十分了得。

　　此时的马化腾已经不再是初创"小企鹅"时的那个文弱书生了，他已经将视线投射到整个互联网市场中。因此，腾讯不仅要在即时通信市场成为霸主，更要在其他业务领域争当行业的"领头羊"。腾讯的构想是建造一个"大而全"的网络帝国，并将这个模式称为"在线生活"，让广大用户能够通过腾讯解决上网的全部需求，真正实现一站式的服务享受。为此，马化腾说："门户与即时通信彼此依托，完全可以颠覆传统门户网站的传播方式。"这显然体现了腾讯一直在倡导的网上生活理念。

　　事实也正是如此，微软也好，谷歌也好，中国的其他互联网企业也好，它们都在朝着一个方向前进，朝着多元化的方向不断演进。不过有所区别的是，每家企业的切入点不一样，比如新浪和搜狐是从新闻媒体进行切入，然后再向其他领域拓展，而网易是以电子邮箱切入点，然后再进军媒体和网游等多元化领域。那么马化腾的腾讯则是从IM软件起家，然后朝着门户网站、互动娱乐等方向发展。最终，大家可能经营着"你有我也有"的共同业务。

　　从目前互联网行业的发展来看，未来互联网会朝着两个方向发展：一个是超媒体类的能够整合各种服务的"大而全"，另一个就是专业性、针对性极强的"小而精"。马化腾经过分析比对之后，坚定地带着腾讯朝着第一个目标走去，因为他担心一旦"小而精"做不好，很可能会输掉整个世界。

从这个角度来看，腾讯的竞争对手不是只有微软的MSN，而是所有和它的业务存在重叠关系的互联网企业。但是这并不意味着彼此之间一定是对立关系，而是要看双方能否寻找到一个利益交叉点，或者要看彼此之间的合作诚意究竟怎样。

马化腾说："在任何时间、地点、终端，利用任何接入方式，都能满足用户的需求，用户需要什么，腾讯就提供给他们什么，或者自己创新，或者迅速复制已有。"

显然，马化腾为了扩张"企鹅帝国"的版图，做好了一切准备，甚至不惜背负"抄袭"的骂名而从同行那里学习最先进的经验和技术。不过，其他互联网公司也有同样的想法，因为它们也看清了行业发展的趋势，只不过马化腾实践得更早，或者说做得更直接、更引人注目而已。

在腾讯构建"大而全"网络世界的道路上，MSN犹如突然竖起的一道墙，挡在了马化腾的面前，他无法绕过这堵墙，只能想尽一切办法将这堵墙拆掉，才能继续践行他的计划。

2005年12月22日，新浪科技发布了一条引爆眼球的新闻"腾讯挖MSN高级项目经理熊明华担任联席CTO"。消息一出，立即引起了行业内人士的关注，不过有些人却认为这是腾讯的炒作，无须放在心上。

无论是否是炒作，这条消息透露了一个至关重要的信息：腾讯坚定了和MSN对抗到底的信心。至于熊明华是不是真的被挖来了，这个也无关紧要，本来IT行业人才的流动性就很高。

熊明华在1996年加入微软，一度出任程序经理，参与过Windows 2000、Windows ME、MSN等很多项目的研发，而且他有在IBM和KT-International等大公司任职的经历。在美国工作期间，熊明华依然和中国的软件界保持密切的联系，经常会通过演讲和咨询活动向国内的同仁传递世界最先进的软件管理思想。可以说，熊明华这种"信息中转站"的作用，对中国软件公司提高技术水平有着很大的帮助。

就腾讯在国内的发展前景来看，熊明华选择牵手"小企鹅"也是一种明智之举。从另一个方面来看，腾讯在目前的发展过程中，技术研发团队越来越强大，所以需要对研发流程进行科学合理的管理，这也是腾讯不断吸收相关先进人才的根本原因。据说，微软的开发人员中项目经理就占了20%，可见项目经理的重要性。以熊明华项目经理的工作经验，定会帮助腾讯提升企业的流程管理水平。

熊明华的到来使腾讯的高层结构发生了变化，从此腾讯有了两个CTO，而原来的CTO张志东将和熊明华共同担任腾讯的联席CTO。

对于腾讯引进熊明华，有人认为这是在微软和腾讯敏感时期的一种冒险行为，为什么说冒险呢？让我们先看看之前发生的"李开复事件"。

李开复是一位信息产业的经理人、创业者和电脑科学的研究者。他曾经就读于卡内基梅隆大学，获得了计算机学博士学位，后来担任副教授，在苹果、SGI、微软等多家著名的IT公司出任要职，是一个不可多得的人才，也成为一些企业争夺的对象之一。2005年7月，谷歌宣布当年第三季度在中国设立一个产品研发中心，任命原微软互动服务部的全球副总裁李开复为中心负责人和谷歌中国区的总裁。

不知道是操作上的失误还是沟通中发生了问题，在李开复跳槽到谷歌这个消息发布的前一天，李开复居然还在微软上班，根本没有做好离职的准备。微软得知这个情况后勃然大怒，马上向美国华盛顿州地方法院提起诉讼，指控谷歌和李开复违反了竞业禁止协议，要求得到经济上的赔偿，同时还请求法院支持微软和李开复签署竞业禁止协议及其他相关合同，防止李开复将微软的商业机密泄露给谷歌。

正是因为这个事件的影响，微软对员工跳槽有很多条款限制。谁知腾讯却对微软的"伤心往事"丝毫不介意，大着胆子从对方手中挖人，这实在是下了一着险棋。好在腾讯这次准备充分，没有让微软找到起诉的理由。

在即时通信市场上，无论是国内的网易泡泡、新浪UC、Lava-lava，还是国外的MSN、雅虎通，甚至雅虎通与MSN互联互通，实质上都没有成功撼动腾讯QQ在中国即时通信市场上的霸主地位。尽管这些力量也十分强大，但是腾讯的"小企鹅"似乎已经与中国的广大网民"黏"在了一起，QQ与用户成了一个不可分割的整体。

打败 MSN

2014年8月28日，中国的MSN用户收到了一封来自微软Skype官方发来的电子邮件："这是真的。你的Messenger服务将于2014年10月31日关闭，距离现在还有60天。但不要担心，你的联系人不会丢失。你将可以使用Skype，同样支持原先Messenger账户及联系人。"除此之外，微软也向国内Messenger用户免费赠送了Skype两美元的优惠券，可用于国际通话。

寥寥几十个字，宣告了微软曾经寄予厚望的MSN正式退出中国市场。从2005年4月正式进入中国到2014年决定退出，在前后九年多的时间里，MSN最终还是没有拼过马化腾的QQ。

上帝为微软打开一扇大门，也会关上它的许许多多小窗。微软在中国布局发展多年，无论是成功项目还是失败的案例都有很多，MSN是其中不成功的典型代表。

其实，早在2010年，MSN在中国市场的占有率就从2006年的10.58%下滑到了6%左右，微软大中华区的收入还不到其全球收入的2%。2013年3月15日，微软宣布正式关闭全球范围内的即时通信服务MSN，仅保留中国地区的服务。

对于一些MSN的铁杆用户来说，MSN的离去代表着一个时代的终结，很多人黯然神伤，毕竟MSN对很多用户来说，是一个足够"高大上"的IM软件。曾经有不少人还将MSN当作学英语的利器，在上面广交外国朋友，提高英语水平。不过让这些用户尴尬的是，身边的很多朋友并没有MSN账号，所以一个人的"独角戏"实在不好唱，最终就放弃使用了。其实，这个情况也恰恰反映了IM软件的一大特性：当朋友都不在这个软件中时，用户再喜欢它也无济于事，因为它是一个互动式的交流工具，而非一个单机游戏。

当初，MSN进入中国的时候，很快吸收了数亿的用户，成为和QQ并驾齐驱的即时通信软件。MSN曾经是白领专属。如今坐在干净整洁的写字楼里的某女士记得，2005年大学毕业后就职，同事间的第一句话都是"加我MSN"，有了MSN，即表示此君已经完成了从学生到白领的转变。况且，很多单位禁用QQ，而对于MSN，则是网开一面，因为这是很多公司工作中的交流工具。MSN盛极一时。"当时觉得特别酷"，某女士回忆说，"每个工作日上班的第一件事情：开电脑，登录MSN，修改当日签名，写下心情。"多少海外华人、学子习惯使用MSN联络亲朋好友、工作伙伴，同事之间的沟通也都靠MSN。的确，MSN比较适合办公室。

然而经过了互联网发展最为风云莫测的十年，微软却始终奉行软件行业"大公司赢家通吃"的规则，没有从根本上对MSN进行合理的本土化和创新，最终被中国互联网行业的"小公司单点突破"的规律彻底击败。

总结来看，三个原因注定了MSN的失败。

一、MSN 对新兴用户群缺乏关注

在微软看来，MSN是一个边缘化的非主流产品，这让整个MSN的设计开发团队在微软内部很难获得最优质的资源，受重视程度也很小，因此白白浪费了互联网发展的"黄金十年"。由于MSN缺乏本土化的意识，导致其中文版只是一个英文母版的翻译版本，在软件的很多应用方面都不能适应中国网民的要求，很难满足其在线沟通和社交需求。特别是当MSN的最初使用人群逐渐变老之后，新兴的"80后""90后"没有关注MSN，MSN也缺乏对这些新兴互联网人群的关注和推广，长期处于"有减无增"的状态，最终的落败只是时间问题。

二、MSN 在商业模式上的失策

MSN进入中国之后，一度尝试开频道、上标签投放广告的方式来构建盈利渠道，然而效果却差强人意，既没有满足广告商的需求，也没有满足用户的需求，最终闹了个"里外不是人"。相比之下，QQ的等级制度、Q币积分、QQ空间等商业策略，能够迎合年轻用户群体的需求，因此用户群体一扩再扩。

三、MSN 缺乏强大的产品性能

MSN虽然和QQ在大体功能上没有什么区别，但是它对社交网络和移动互联网等行业趋势，一直处于比较麻木的反馈状态，而且其单一的聊天功能也越来越让用户感到乏味，这样就造成了活跃用户越来越少，MSN所能拉到的广告也一降再降，导致促进产品研发的资金长期缺乏，形成恶性循环，最终难以为继。而且当IM软件同行推出离线文件、视频聊天的时候，它依然在原地踏步，一度无视互传文件和语音等功能。

更糟糕的是，在软件捆绑方面，MSN比QQ有过之而无不及。从2006年开始，MSN在安装程序中添加了微软的邮件、网盘、博客撰写等工具，打包形成了一个名叫"Windows live"的软件包，让用户一不小心就安装了好几款自己原本不需要的软件，这让用户十分反感。加上经常掉线、安装失败等意外状况让MSN的产品形象一跌再跌，而2007年的蠕虫病毒"MSN照片"事件，再度让其成为用户唾弃的对象。

MSN的失败，留下了不少遗憾和启示。

一、创新才是生存的王道

在互联网产品更新加快的年代，一款软件只有不断创新才能符合用户的需求，也只有注入了"短、频、快"的模仿思维，才能让产品具有强大的竞争力。相比之下，MSN的替代品Skype能够长期在全球IM软件市场位居第一，其成功之道就在于通过电脑向座机和手机拨打电话，又减少了捆绑软件、捆绑广告等令用户反感的行为。

二、明确商业策略才是最佳出路

对于IM软件来说，市场占有率是决定胜败的一个关键性因素，而采取何种商业模式是生存的基本命脉。MSN在中国市场的占有率一直都无法超过QQ，因为微软从来没有把一个免费的缺乏盈利模式的产品放在心上。

尽管MSN曾经将目标用户锁定在商务人群上，但是由于它没有真正认清互联网市场"不进则退""不增则减""只有第一没有第二"等丛林法则，在将近十年的时间里一点点被腾讯的QQ所蚕食。尤其是在进入移动互联网时代之后，IM软件和无线客户端的集成趋势更是让MSN的生存空间越来越小。于是，一个曾经誓要将QQ打倒的竞争者就这样成为明日黄花。

作为同样致力于移动端的企业，即使是MSN这样的巨头也难逃市场残酷而惨烈的竞争。MSN在移动端没有出色的表现，它的产品几乎没有做任何改进和更新。和时代脱节的产品，不得不面临被关停的命运，我们只能说是一个不小的遗憾。

Part 3

在挫折中急速扩张

第七章 惊人的变现能力

一个靓号能卖 26.02 万元！

26.02万元！在淘宝网上，腾讯公司总裁兼首席执行官马化腾拥有的QQ号"88888"最终以此价格拍出，买家在线的ID是"呱呱小铺"。然而，在针对此事的网上调查中，网民对"88888"QQ号的价值判断是这样的：超过六成的被调查者认为它不值钱。马化腾本人表示，此号码无特殊定价，但是在3.5亿网民心目中却价值连城。

2005年，在淘宝网上出现一则信息介绍说："此号码为马化腾专用，为至尊5位QQ号：88888。该号码起始价格为1元，加价幅度为200元，起拍时间是2005年1月7日22时。"

该号码拍卖是由淘宝网等多家企业联名发起的"爱心中国"印度洋海啸义捐活动的一部分，在这次活动中一些知名企业家还将拿出自己珍藏的物品在淘宝网上拍卖募集善款。而该号码拥有者就是马化腾。

在最终拍卖价格尚未一锤定音时，马化腾就对这个QQ号最终能拍出高价充满信心。"88888"QQ号最终拍卖价格定格在26.02万元。

从"呱呱小铺"在淘宝网的资料来看，ID是在拍卖结束前一天才注册，且没有在淘宝网上进行过其他任何一宗交易，明显冲着至尊QQ号而来。有媒体透露"呱呱小铺"是来自上海的一名网友，也有人说是上海亿唐公司，一时间消息满天飞，谁都不知"呱呱小铺"究竟是何方神圣。

有业内消息灵通人士透露，购买者为上海数宝信息服务有限公司，一家由亿唐和韩国的JUNGSOFT合资创立的公司。"呱呱小铺"是数宝公司旗下的网络游戏虚拟物品交易平台，专门为网络游戏玩家提供虚拟物品交易兑换服务。消息灵通人士还透露，"呱呱小铺"之所以重金购买至尊QQ号，其中原因之一是由于"呱呱小铺"已成为网游虚拟物品交易兑换的知名网站，网上已出现假冒其客服人员进行诈骗的不法分子。为了保证客户的交易安全，"呱呱小铺"准备将此无法假冒的QQ号作为客服QQ，用于与客户确认交易细节。

价值26万余元的至尊QQ号仅用来做客服QQ？看来随着国内网游市场的膨胀式发展，网游虚拟物品交易也蕴涵了巨大商机。"呱呱小铺"此举虽难免有炒作的嫌疑，但也证明了其背后的强劲资金实力。在目前网游虚拟物品交易市场尚处于混乱之时，"呱呱小铺"不惜千金一掷的举动，从某种意义上在这个混乱的市场中奠定了自己的权威地位。

马化腾本人对QQ号的最终拍卖价格没有做任何评价。淘宝网表示，筹集善款将全部捐助给东南亚灾区。

那么，QQ号到底值不值钱？

在手机号码、固定电话号码中，某些特殊号码或数字是作价出卖的，有的甚至能炒到很高的价位。腾讯是否也会将一些特殊QQ号码拿来拍卖呢？

腾讯公司网站上的公告写得清楚明白，腾讯公司把号码分为普通号和靓号，对于靓号是要额外支付费用或选择定制某种服务才能取得的，并非免费提供。

但是，花费26.02万元巨资购得一个QQ号是史无前例的。当时，国内一家大型网站曾面向网友展开调查，共有700余人参加调查。结果显示有近九成的被调查者拥有自己的QQ号，但是极少有人称其QQ号为花费金钱购得，大多数人的QQ号是直接注册取得的。

在回答"88888"QQ号到底价值几何的问题时，超过六成的被调查者认为它不值钱，有极少数的被调查者认为这个QQ号价值在万元以上，还有两成以上的被调查者的意见是"不好说"。有位网友说，腾讯公司今天参与拍卖"88888"QQ号，明天还有"99999""888888"等一系列特殊的QQ号可以卖，所以这个被拍卖的QQ号并不值高价。

在腾讯公司掌门人马化腾首次公开拍卖QQ号的新闻公开以来，深圳市民对此行为的看法莫衷一是。有市民赞赏马的行为是一种爱心举动，还有市民认为其行为有商业炒作的嫌疑。

调查结果显示，有超过八成的被调查者认为，公开拍卖QQ号的行为更倾向于定性为企业商业炒作。有市民认为马化腾的行为是公司行为，目的是提高腾讯公司的知名度，图个好名声。"如果真要发善心，为什么不直接向灾区捐款，而要费尽周折去拍卖QQ号呢？"这是质疑者普遍存在的疑惑。

对于网民所称的商业炒作的说法，马化腾并没有直接否认，但是他强调说："作为一个普通公民，我希望通过此次拍卖获得的善款能够帮助到东南亚受灾的民众。所筹善款将由淘宝网统一捐助给灾区。"当然，也有为数众多的网友对此次拍卖行为持肯定态度。他们声称，不管马化腾是商业炒作还是真的爱心捐助，现在一举两得，既扩大了腾讯的名气，又筹集了善款。只要这笔拍卖所得款项确实用在慈善方面，就是好事。

也有一些网友存在另一种担心：26.02万元高价拍到手的QQ号有朝一日是否会被腾讯公司收回？他们的担忧并非空穴来风，曾经有一位网民被腾讯公司收回其从他人处花高价购买的"98765"QQ号，因此将腾讯公司送上了被告席。而最终法院判决，腾讯公司有权收回号码。

因为号码资源的有限性，所以腾讯公司便有了号码的"收回"制度。其实，"收回"制度就是对号码有效期的规定。就像手机号码长时间不使用就会被移动电信运营商收回，电话卡或者充值卡过了有效期就不能再使用一样。

腾讯公司规定，如果在规定的时间内某号码不被有效使用，腾讯公司可以强制收回该号码。同时，腾讯公司也表示，通过QQ服务申请的QQ号码仅提供给用户本人使用，用户不得私下买卖或转让该号码，否则，一经查实，腾讯有权收回用户通过QQ服务申请的QQ号，并停止提供相应的服务。

那么，大家判断一个QQ号码值钱与否的标准何在？主要有两点。

一、位数越短越值钱

因为位数越短意味着越容易记，越独特。比如像5位数的QQ号基本上就是为腾讯内部员工和第一批使用QQ的用户所有。

二、寓意越好越值钱

中国人很讲究数字的寓意，甚至可以说是近乎迷信，偏爱6和8这类寓意吉祥的数字，而对带有4这个数字的号码非常反感。正因为很多网友存在这种近乎迷信的想法，所以像168168这样寓意"一路发"的号码和一些生日号就非常受欢迎，也就更值钱。

QQ 秀成了"吸金神器"

随着Q币被推出，腾讯的虚拟类商品也越来越多，这体现出在互联网时代，广大网民对虚拟服务的狂热追求。马化腾紧紧抓住这个机会，在虚拟服务市场中再次创造了奇迹。

其实，在国外早就有过对虚拟商品的研究和报道，不过一些外媒指出，依靠出售虚拟商品就能获得高额回报的完美商业模式很难实现。然而它们或许不知道，在中国，有个叫马化腾的人做到了。

QQ最大的一个虚拟服务当属QQ秀了。其实，这个QQ秀并非腾讯的独创，最早是网易的丁磊在国内采用的，却因为不具备QQ那样庞大的用户基础而搁置，对此马化腾戏称丁磊是"井打到一半，没出水就跑了"。

2002年的一天，一个名叫许良的腾讯产品经理在韩国考察时，偶然间发现一个名叫"Avatar"的游戏在赛我网上非常受欢迎。在这个游戏中，用户可以根据自己的喜好，随意更换虚拟角色的造型，比如发型、服饰、表情等，而这些造型需要支付购买。许良马上意识到，如果将虚拟形象引入QQ，让QQ用户通过虚拟形象来传递信息，岂不是开辟了一条盈利的新渠道吗？

"Avatar"一词源于印度梵语，意思是"分身、化身"，在网络上"Avatar"成为虚拟形象的代名词。另外，"Avatar"这个词语也是科幻电影《阿凡达》的名字。

马化腾觉得许良的建议很有可行性，因为QQ秀这样的服务会让很多的用户觉得是一种情感的寄托，它代表了人们希望在别人眼中的形象，所以QQ秀已经不再是穿一件虚拟衣服，而是自身的一种存在感。

尽管马化腾对QQ秀的前景很有信心，但是作为一个决策人，他不会轻易对一件事拍板，更不会盲目跟风或者无端创新，他需要的是学习最佳案例，然后超越它们。

为了让腾讯更好地发展下去，马化腾进行了多次尝试，最后发现韩国和中国在文化上有相近之处，比欧美国家更有可借鉴性，于是将其作为长期稳定的学习对象。

马化腾曾经解释过，在美国的环境中，任何互联网上的应用都是依照广告模式来收费的，这个在中国没有几年甚至十几年的时间根本做不到。韩国则不一样，它是凭借着增值服务来获取利润。也正是出于这种总结，马化腾才决心学习韩国。

马化腾在很多方面都比较敏感，一旦发现新生事物就马上跟进然后再去尝试。也正是基于这种心态，他带领腾讯创造了一个又一个新的奇迹。QQ秀的推出也正据于此。

2003年1月，QQ秀正式对用户开放。当时腾讯的想法是，按照服装行业的规则来经营QQ秀。比如，传统的服装行业里，品牌是很关键的因素，一个人穿什么品牌的衣服就代表了一种什么样的品位，而QQ秀更多的就是依靠款式来展现个人的品位，所以在QQ秀商城里，像耐克这样的名牌虚拟服装随处可见。

在QQ秀开放一段时间之后，腾讯找来了耐克等国际知名公司，将这些公司最新款的产品、服饰等形象放到网上，让用户下载"试穿"。当然，所有的注册用户都能够继续享有免费服务。由于QQ拥有庞大的用户基础，所以腾讯没有花一分钱就得到了这些大公司的产品设计授权，而用户也愿意让自己站在时尚的前沿地带。最后，腾讯还向这些大企业索要了广告费，而对方也是心甘情愿地掏出了银子。于是，QQ秀给腾讯带来了巨大的收益。

除衣服饰品外，腾讯还让QQ秀和娱乐影视业相结合，共同开发QQ秀形象。2005年，腾讯携手电影《无极》推出了相关人物造型系列的QQ秀。对此，腾讯的想法是，由于中国人在线生活的实现，所以满足用户的娱乐需求也变得越来越重要，而影视正是这种娱乐最重要的体现。在和电影《无极》合作之前，腾讯为丰富QQ会员线下文化娱乐生活，就已经推出了"QQ会员每季有好戏"系列活动，在活动中跟不少国际级的电影巨作进行了深入合作。

现在，腾讯已经将QQ秀打造得十分富有生命力，这种带有游戏性质的虚拟装备，一方面提供给用户选择虚拟衣装的权利，另一方面也在"勾起"用户虚荣心的前提下，让QQ秀消费变成主流。据说，马化腾自己也玩QQ秀，他的QQ秀是一个留着长发的年轻人，身穿喇叭牛仔裤，戴一副墨镜。

QQ秀业务的增长速度十分迅速，如果每个用户都愿意花一两元钱购买，那么QQ秀的收入简直就是一个天文数字。尽管QQ秀不是腾讯原创的产品，但是在中国大地上，目前还没有谁能够像腾讯这样将其发扬光大，也没有谁能在产品二次开发和经营的过程中不忘对用户心理进行揣摩，这种学习已经不再是单纯的复制，而是一种微创新的胜利。

不过，在腾讯为用户推出QQ秀之后，外界也是褒贬不一。喜欢的用户觉得终于有机会装扮自己了，让自己的QQ形象更酷、更美丽。不喜欢的用户却觉得这是一种"捞钱"的行为。出于对用户心理的照顾，腾讯推出了QQ秀关闭申请，让那些不喜欢的用户不必再面对一个"赤裸着的"自己，可以自己做主彻底地取消这个窗口。

以QQ秀作为发端，腾讯找到了一个无线增值之外的全新商业模式，称为"互联网增值业务"。在此基础上，腾讯还推出了QQ空间和QQ宠物等增值服务和产品。

QQ空间的诞生，标志着中国第一家大规模盈利博客服务的诞生。虽然它是免费使用的一种虚拟服务，能得到简单的模板和礼品，然而很多用户为了让空间更美丽，往往会花钱购买更高级的服务。于是，QQ空间通过出售虚拟商品又使盈利增加了不少。

和QQ秀相比，QQ空间"捞钱"的本事更大一些，毕竟QQ秀只能卖卖衣服、道具和背景之类的小玩意儿，而QQ空间可以出售很多东西，大到桌椅板凳，小到鲜花野草，统统可以购买。这些让人眼花缭乱的产品，让不少用户产生了购买的欲望，并伴随着博客的火爆而一度走俏互联网。

QQ宠物和QQ秀、QQ空间不太一样，它是腾讯利用用户心理需求缔造的产品。腾讯让那个憨态可掬的"小企鹅"变成了招人疼爱的虚拟宠物，不少用户为它花钱买东西，使之成了腾讯另一个日进斗金的王牌产品。

腾讯之所以开发出种类繁多的增值服务及后来上线的网络游戏等新业务，完全是基于一种企业自身存在的危机感。马化腾相信，门户可以帮助腾讯黏住用户，网络游戏可以帮助腾讯增强品牌吸引力，而增值服务可以满足用户的消费需求，腾讯还将在这条道路上不断探索下去。

虚拟货币的春天

QQ在刚刚诞生的那几年中，过的是"打赤脚，吃百家饭"的穷苦生活。然而随着马化腾对腾讯业务的拓展和融资的成功，QQ渐渐从"贫困户"发展成了"小土豪"，它不仅具备了吸金能力，还增添了造金的功能——Q币。

Q币简称QB，它的兑价是1Q币=1元人民币，而在腾讯的拍拍网交易一般都是9折。它是由腾讯推出的一种虚拟货币，用来支付QQ会员等服务的费用。

由于QQ的庞大用户群和Q币充值的便利性，所以很快在用户中风行起来。拿着购买而来的Q币购买各种虚拟商品，享受QQ会员的待遇，成了流行时尚。

自从2005年以来，Q币的触角逐渐延伸到QQ领域之外的地方，一些网民将Q币当成购买网游装备的"等价物"，或者将Q币当成交换其他网络服务的"流通币"，甚至有人开始出售Q币以换取人民币。也正是因为这种现象，引起了金融学专家的担忧。

还有一些网络工作人员称，有的中小型论坛给版主的工资就是Q币，然后再由他们兑换成人民币。

有些学者认为Q币的存在会冲击中国的金融秩序，为此给出的理由是：根据《中华人民共和国人民币管理条例》的规定，人民币是我国的法定货币，在现实中是有数量限制的，然而Q币等虚拟货币却能够无限发行，所以当虚拟货币代替人民币成为网上交易的一般等价物时，自然会冲击中国的金融秩序。另外还有人指出，在QQ游戏的游戏币赌场里，赌注通常都很大，由于游戏币是能够和Q币自由兑换的，所以Q币在某种程度上具备了"黑市货币"性质。

这种观点实在是有些惊世骇俗。如果Q币真的和人民币如此相似，那么马化腾什么都不用干了，只发行Q币就可以了。

其实，Q币只是用于购买腾讯的增值服务，根本谈不上进入金融体系，如今对Q币的追逐，只能说是网民对Q币的一种热捧。毕竟，腾讯发行的Q币不是真正意义上的货币，本身不存在其他的交易功能。另外，腾讯对Q币实行的政策是单向兑换，也就是说，用户一旦购买了Q币就不能再兑换成人民币。

一段时间，"倒卖"Q币成为一些人谋取利益的重要渠道。在曾经火爆的"超级女声"总决赛中，"超女"的粉丝们为了支持自己心爱的歌手，通过购买Q币进行投票，当时仅在一天之内，淘宝网上Q币的交易额就超过了50万元。

Q币的流行，也与互联网早期支付手段的匮乏有着密不可分的关系。那时候，玩家购买游戏装备只能到银行汇款，比较麻烦，因为购买一件装备，往往要花费很长时间。后来，Q币交易慢慢取代了传统交易，购买者只需提供Q币就能买到网游装备，而卖家在得到Q币后，再将Q币出售给当地网吧的玩家，很快就能将其转化成人民币。

在Q币的地下流通过程中，有一个非常重要的环节是"转账"。所谓"转账"就是怎样将Q币从一个QQ账号转移到另一个账号的过程。虽然马化腾严令让Q币和账号绑定，但还是无法阻止地下Q币流通。通常这种流通的过程是：交易者将Q币转化为腾讯公司推出的QQ游戏中的游戏币，再将游戏币"输给"其他的账号，最后将游戏币转化为Q币，从而实现Q币的成功转移。

那么，这么多的Q币是从什么地方来的呢？除用游戏装备交换外，大部分来源于"QQ黑客"。这些黑客利用木马软件等工具，盗取QQ账户获得Q币后再进行出售，如果非常走运，盗号者一夜就能盗取上千个Q币。更重要的是，成为"QQ黑客"并不需要太高的技术门槛，只需要用编写好的程序进行简单操作，就能完成盗号的过程。

除盗号外，还有一种比较"合法合理"的获取Q币的渠道，那就是拨打声讯电话充值。根据腾讯的调查，一些Q币贩子卖的大量Q币就是通过充值来获得的。虽然每枚Q币一元钱的充值费用并不便宜，然而很多人会通过单位的电话拨打声讯台获取Q币。如此一来，公家的钱就会通过Q币交易变成个人的财富。

如今在淘宝网上，有很多出售Q币的店铺，它们遍布国内各个省市，这是因为用Q币的人多，腾讯公司信誉不错，大家都放心用Q币进行交易。那么，这么多人通过各种手段进行Q币交易，最后将这些Q币用在了什么地方呢？据说，曾经有网友用100Q币换到了一个硬盘盒。当然，用Q币换电脑配件只是网友创意的一种。除此之外，Q币还可以兑换不同论坛中的积分，可以换取各类商品，可以付广告报酬等。由此可见，如今买卖Q币的，已经不单纯是为了享受QQ提供的服务。

面对专家的质疑，一些网友觉得这种说法未免有点危言耸听，因为Q币现在还不能作为一般等价物。这里面存在一个信任问题，那就是必须要有一方主动让步去承担网络交易的风险。一般来说，除同城见面交易外，异地交易必须寻找一个双方都信任的担保网站，大家把装备和Q币都给这个网站，然后由这个机构进行转发。

在一些提供担保的网站上，不少玩家将出售的装备标注上了Q币价码，与此同时，一些新网游在上市之后，其内测和公测账号也在网上用Q币来标价，这样就促使Q币在不同网游的玩家手中不断流通。通常而言，那些比较好且比较贵的网络商品，基本上需要几百元甚至上千元，如果用Q币交易的话就会非常麻烦，所以Q币的作用仅限于低价值的网络商品交易。

既然Q币如此受到网民的青睐，那么腾讯究竟发行了多少枚Q币？这个数字腾讯是不可能公布的，因为也无法进行统计。

在盗号者和贩卖者的推动下，Q币的流通范围越来越广。如果按照金融学定义来看，货币是固定充当一般等价物的特殊商品，然而国内的现实情况是，人民币才是国家的唯一法定货币，那么Q币是否已经成为网络上流通的虚拟货币了呢？

有些专家觉得，Q币还算不上虚拟货币，而是在网上某些网友自己认可的一种符号，说Q币冲击人民币则根本不可能，因为市面上的人民币绝不会随着Q币的增加而多印刷。Q币的发行是以人们购买量为基准的，跟国家的金融体系也扯不上关系。另外，无论是从数量上还是从法规上看，Q币都根本无法与人民币相比。

尽管如此，有些人还是认为，Q币已经具备了货币的雏形，正走在真正意义上的"虚拟货币"的边缘地带，只要腾讯公司有潜力，Q币的世界货币功能并不是天方夜谭。从目前来说，Q币能否成为第二套人民币，取决于三个因素的变化：互联网经济进一步发展；腾讯公司对Q币未来发展模式的定位和其商业运作契机；国家法律的规定。

现在网络上有很多虚拟货币的发行商，他们"发行"的这些货币，由于各种原因无法统计其发行量。有人为此大胆地预测，这种现象很容易引起网络通货膨胀，最终只会让网民的利益受到侵害，也会让网民丧失对互联网交易的信心。

正是出于这个因素的考虑，一些法律人士觉得应当让国家对网络虚拟货币交易的后果重视起来，从而严格规范网络虚拟货币的发行主体资格。

腾讯也调整了有关Q币的策略：腾讯Q币将不能与游戏币互相转化，游戏币只能通过买游戏道具赠送，这意味着之前Q币流通所用的地下通道即将关闭。由于网上贩卖的Q币来源大部分都是通过盗号获得的，所以腾讯坚决抵制和打击这种行为。另外，腾讯也会丰富并加强技术手段，彻底根除这种扰乱互联网虚拟交易秩序的现象。

无处不在的微信

随着微信平台应用的不断泛化，为数不少的企业越来越意识到其中蕴藏着的巨大商机。抛开这些营销效应不谈，单就作为手机日常社交应用的软件而言，微信对人们生活的影响也越来越重大。比如，曾经盛极一时的手机打车软件，让不少用户享受到了极大的便利。另外，微信的一些新应用优惠策略也让不少用户动了心。除此以外，通过微信找工作，通过微信逛超市，甚至微信相亲都可能在不远的将来成为人们所熟知的功能。

打车软件给那些赶时间或者对道路不熟悉的朋友带来了极大的便利，也在一定程度上调节了出租车实载订单，帮助司机减少了"扫街"的时间，从而通过网络对社会资源进行了有效整合。除此之外，同步推出的微信支付，也为用户提供了更方便的快捷支付方式。微信使人们将日常生活和互联网、手机的应用消费紧密地联系在了一起。

在过去，人们绝不会想到手机软件可以预约打车而且能扫码进行快捷支付。而现在这些随着微信的诞生变得十分寻常和普遍，也让那些不熟悉微信的人因为它的便捷开始喜欢上它。

另外，基于微信扫描技术产生的微信超市购物和微信招聘，也成为近几年手机应用软件中的亮点。传统的商场超市，其购物优势在于品种丰富、现货购买，可以节约时间，然而网购的兴起引发了价格大战，商场购物因为租金等问题无法和网购的低成本相抗衡，所以不少精打细算的人开始了网上购物省钱的体验。

现在，随着微信扫描的功能日益普及，很多消费者看到了一种新的购买模式——只要拿着手机对准某个商品轻轻扫描一下，就能够查看很多相关信息，甚至可以判断出商品的真假。随着日后微信超市购物技术的逐渐成熟，用户通过就近的超市送货也将成为一种全新的网购体验。

微信最重要的是社交功能，虽然其信息的保密性和真实性还存在一些问题，不过随着微信应用的不断完善，今后必定会出现更加系统化和科学化的网络认证与安全保障制度。

在微信刚刚诞生时，有人说微信会改变世界，招来一大堆人的质疑，不过现在不同了，微信真的在影响着人们的生活观念。扫一扫，就能够"扫"出一个新世界。而微信正是通过这种强大的功能，让线下和线上、人和机、物和网有机地结合起来。在结合的过程中，微信支付的加入让整个购物链条形成了一个良性的闭合式循环系统。

经历了博客时代，经历了人人社交时代和后来居上的微博时代，用户不断地接受着新的社交方式，微信也让一些曾经风行一时的社交平台逐渐没落。过去人们习惯刷微博，而现在则习惯刷微信。毫无疑问，微信已经成为人们生活中的一部分，甚至在某种程度上影响了QQ的网络社交地位。

和QQ相比，微信的好处是随时随地都可以分享信息，而不必受制于有没有电脑。而且微信直接联通了手机的拍照功能，可以将随手拍下来的图像和视频实时地传输到朋友圈中，这一点就比QQ更具优势。而且，微信分享生活，更让人有一种现场感，让人们能够最大限度地体验生活的气息。

在朋友圈里，很多人都乐于将自己的点点滴滴"晒"出来，当然在这种"晒"的背后，是一种渴望被人关注的心理诉求。基于这种诉求，哪怕这个人不是一个善于文字表达的人，说不定也会写出一大段描摹心情的文字。

在这种迫切希望被朋友关注的潜意识之下，再加上照片可以经过手机修图软件美化，所以，朋友圈里到处都是美女和帅哥。甚至一段普普通通的文字，也要经过小心地修饰一番再发出去。当你的分享有了点赞和回复之后，一种叫作"存在感"的东西马上会充斥内心。或许在一瞬间，有人还会觉得：原来我有这么多朋友，有这么多人在时刻关注着我，我还是挺受大家欢迎的嘛！

同时，微信的私密性更强。它可以将用户的评论自动隐藏，除非发表评论者和浏览者同为好友，否则发表评论者只能看到自己的评论和点赞，这和QQ空间中一大堆评论挂在某一条分享下的形式完全不同。你无法得知一条信息有多少人评论过，更无法窥测到他们都说了些什么。也许正是这种保密措施的出现，让微信成为用户首选的发表心情的网络阵地。

当然，作为一个新生事物，微信本身也存在一些不可避免的缺陷，那就是它的封闭性很强。通常在一个朋友圈子里，人们所能看到的分享和转发内容，基本是围绕同一个信息大类的，甚至还会有很多重复的信息出现。从这个角度来看，微信将一个圈子中的人的视野局限住了。

有一个美国人曾经说过，社群的社交演算法会让人们过滤出只属于私人圈内的话题，而这种现象可能会导致一种"自私的循环"，让人们被锁定在一个"网络过滤气泡"中，很难看到气泡之外的陌生事物。或许这个美国人说得很有道理，面对"网络过滤气泡"，几乎没有谁可以逃脱掉。当然，即便没有微信，没有其他任何社交网络，一个人也不可能对世界上所有的知识和信息都了如指掌，人们注定生活在"气泡"中，只是相较于现实世界，微信的这个作用会显得更加突出一些。

不过，换一个角度来看，正是因为微信将一个圈子的人"包裹"在了一起，所以才能集中人们有限的注意力，让大家对很多关键的信息做到充分吸收，而这种吸收对一个人的思想观念和行为模式都有着重要的影响。

在微信大行其道之后，更多的人对手机的依赖程度加深了，也就出现了朋友聚会中纷纷低头玩手机的现象。对此，有人悲观地认为，这种社交方式颠覆了社交的本质意义，微信让陌生人之间变得更近，却让熟人之间变得遥远。不过，也有人认为，这是现代社交的一种改变，没必要对此杞人忧天。

有关微信，实在有太多的话题，也存在太多的争议，不过有一点可以肯定的是：无论你用不用微信，它都在那里，不离不弃。

第八章　现实与网络的连接

移动互联网带来的商机

某天，时任腾讯首席运营官的曾李青走到办公室墙上挂着的大幅中国地图前，踌躇满志地感慨说："中国的移动互联网到处都是机会，遍地都是黄金。"那可不是一张普通的地图，曾李青在上面下足了功夫。地图上密密麻麻地标上了红蓝两色，红色代表移动公司，蓝色代表联通公司，如果销售员拿下哪个城市的某项公司业务，就用颜色标记该城市。不只是曾李青，腾讯的其他高管们也怀着十二分的热情投入腾讯帝国的创建中。

为了占领移动聊天市场，腾讯还专门成立了一个移动电信增值开发部，员工都是大学毕业一两年的年轻人，专门负责与移动、联通打交道。与其他公司不敢起用新人不同，曾李青放手让这些年轻人去闯。这些年轻人初生牛犊不怕虎，干劲儿十足，天天和移动、联通的人泡在一起，陆陆续续地签下了很多合同，移动QQ慢慢地做了起来。

腾讯的第一单互联网手机业务是1999年4月获得的。腾讯公司与深圳联通、移动公司合作，推出手机邮件通服务，用手机实现收发E-mail。

1999年7月，腾讯公司又与深圳电信下属的深圳龙脉公司合作，推出了电子邮件增值服务系统，用户通过传呼机、移动电话、传真机等多种方式即时收发电子邮件。

2000年6月21日，QQ嵌入联通公司的1万张STK卡。从此，在手机的菜单中出现了"移动QQ"字样，用"移动QQ"服务可以发送信息、查询信息、查询好友状态、查询腾讯QQ用户等。

2000年8月，QQ的注册用户数已达到了6500万，腾讯公司和广东移动草签了合作协议，广东地区的移动用户可以通过"移动QQ"随时随地发短信。

2000年11月，腾讯加入"移动梦网"计划，与中国移动展开全面合作。

随后，"移动QQ"在北京、四川、江苏、浙江等几个移动通信大省相继开通。2001年，腾讯已经与全国大多数的运营商有了合作关系，彻底占领了移动聊天市场，从此奠定了"移动QQ"聊天市场的霸主地位。在上市前夕，腾讯与29家中国移动下属公司、15家中国联通下属公司合作。

腾讯公司的移动QQ项目主管邓延说，当时工作日程排得满满的，每天都在各地跑来跑去，腾讯公司的员工扛着服务器，跑到电信运营商的机房，帮助移动公司、联通公司安装调试系统。腾讯的老员工说，当时感觉好像是在抢钱。

1998年后，中国的手机开始进入爆发期，根据原信息产业部资料显示，中国移动的手机用户从1998年的2500万人发展到2003年的2.687亿人，复合年增长率为60.8%，移动电话普及率从1998年的2%到2003年的20.8%；中国互联网用户从1998年的210万人到2003年的7950万人，互联网的普及率从1998年的0.2%到2003年的6.2%，复合年增长率为106.8%。移动用户爆发成长，QQ用户随之爆炸式增长，每天注册用户高达几千人，每天短信量达100万条。2001年4月，QQ的用户已经达到7600多万人。

由于新用户潮水般涌来，腾讯的服务器不堪重负，不得不将每日新增用户限制在40万人以内。根据腾讯公司的报告，仅2001年3月，腾讯的"移动QQ"手机短信息发送总量就达3000多万条，占整个"移动梦网计划"总业务量的一半以上。

腾讯还与摩托罗拉、诺基亚、TCL等手机生产商合作，把QQ预先安装到手机上，尤其受到学生欢迎。手机比电脑便宜，比电脑方便，躺在被窝里就可以上网聊天，再也不用偷偷跑到网吧，也不必到处躲着老师。手机QQ费用十分便宜，一天到晚上课下课都可以挂着QQ，深受学生欢迎。

到2004年3月31日，"移动QQ"的注册用户大约1310万人。移动QQ服务繁多，SMS服务月费用4.5~5.0元，每条0.04~0.08元，MMS每条0.2~0.5元，腾讯给联通公司短信提成大约12%，给移动公司短信提成大约15%。"非常QQ男女"移动聊天服务每月4元，161移动聊天每月5元，IVR服务每分钟0.2~1.5元，彩铃服务每月1~3元。还有各种移动游戏。

到2001年7月，腾讯实现了正现金流，到2001年底，腾讯实现了1022万元人民币的纯利润。

2002年，腾讯的无线增值服务的收入为1.988亿元，移动QQ占到腾讯公司总收入的75.6%，腾讯净赚1.44亿元。

2003年，腾讯的收入为7.34957亿元，净利润为3.38亿元，比2002年又翻了一倍多，其中移动QQ的收入占到无线增值总收入4.674亿元的71.1%，达到3.323亿元。此时，移动QQ注册用户数激增，由上年的560万增加到1310万。

随着不断上涨的用户，钱如洪水一般涌来，从此，腾讯终于摆脱挣扎在温饱线的局面，过上了"捡钱"般的生活。曾经有一段时间，"移动QQ"的收入一度占到公司收入的80%以上。马化腾也从一介平民摇身变成了亿万富豪。

网络让生活更便利

A是中山大学中文系的毕业生。周六晚上，她准时打开自己的QQ。在小小的图框里，她发现大学宿舍几位好友的图像已经亮了，好友已经上线。两年来，这个"QQ聚会"成为她和舍友们的周末档固定节目，每逢周末就开始"神聊"。

"毕业工作后，大家能聚在一起的时间越来越少，一些同学没有留在广州，定期聚会并不现实。打电话又总有说不完的话，耗财耗时。"为了保持联络，熟悉电脑的A为每个舍友申请了QQ号码。

除了每周约定的相聚，平时上网时大家遇到时也总会聊几句，虽然见不到面，但感觉还是很亲近。每次集体聊天时，就像回到当年大学的"卧谈会"。A深有感触地说："QQ成了维系我们感情最重要的纽带。"

"本周末，南昆山露营，驴友们若要参加，请回复自由驴（自由旅）。"B一打开QQ，就收到了这条信息。他是某外企高级白领，除工作外，最大的兴趣就是旅游。而他的"驴友"大多都是从QQ上认识的网友，由于共同的兴趣而形成一个小圈子，定期组织各种户外活动。

"因为工作很忙，所以我的生活圈子很小，身边的朋友不多，和我有同样兴趣的更是寥寥可数。"B曾为找不到好旅伴而苦恼。

国庆节前夕，想去成都旅游却找不到旅伴的B无奈之下将自己QQ的个人说明改成了"征驴友公告"。没想到，资料更改不到半个小时，他的陌生人名单里骤然增加了许多头像，他们都是旅游发烧友，看到B的个人说明后前来"敲门"。通过聊天，B从这些人中发现了几位志趣相投者，后来他们都会定期组织旅游或野外活动。渐渐地，越来越多的人加入进来，成了一个旅游"小圈子"。

由于QQ可通过限制条件添加好友，网友可以根据自己的喜好和乐趣认识新的聊天对象。因此，在QQ上形成了越来越多的"小圈子"：撰稿人小圈子、爱护地球协会、手拉手爱心组织等。随着网络上形成的圈子越来越多，QQ在推出2003年新版时，特意增设了"我的群"，以更方便网友的"圈子活动"。

"没有哪一个通信工具，使人与人的交往增加了这么多可能性和可行性。"

即时聊天拓宽了人们的生活空间，使志同道合的人们很快聚集在一起，形成一个个小圈子，正因如此，它具备了其他任何软件都不具备的影响力。

现代人在城市中竞争和生活的压力大，由于工作时间长，生活往往很简单，交流面窄，所以一旦在网上认识有共同话题、共同爱好的人，就会自然形成一个"圈子"。

随着网络的普及，这些网络形成的"圈子"将会在现实社会中发挥更大的作用，例如扩大文化的开放性、拓展公共舆论空间、争取民众话语权等。以QQ为主的社交网络对老年、中年、青年不同年龄段的人群有不同的赋能，对他们的生活影响和改变也不同，比如重构了老年人的社会生活，给予青年人更多的话语权空间，缓解了中年人的职场压力和中年危机。

中国社科院国情调查与大数据研究中心和腾讯互联网与社会研究中心合作发布的《生活在此处——社交网络与赋能研究报告》（以下简称《报告》），就社交网络对人们日常生活的影响和改变进行了深入探讨，从日常生活的角度对中国人的社交网络使用状况进行考察和解读。

"HERE一词在英文中有此时、此地和此处的意思。事实上，互联网并不是一个外在的'在那里'的生活世界，我们切切实实地生活在此处。"社交网络突破了时空限制，让人随时随地彼此连接，已经成为真实生活的一部分。

中国社会科学院社会学研究所所长陈光金认为，人与人之间的连接、组织与组织之间的连接、国家与国家之间的连接在很大程度挑战了传统的等级结构。赋能就是在挑战传统的等级结构过程中，生活机会与选择的重构。而互联网是实现人的社会化、社会参与的重要工具和方式，越来越不可或缺。腾讯社交网络事业群、社交网络运营部总经理赵建春则表示，借助QQ等社交网络的力量，人们日常联系的范围正在扩大，传统的六度人脉正遭遇挑战，人们的工作、生活与情感的表达与联系方式急剧变化。

值得一提的是，《报告》和QQ大数据都显示，越来越多的年轻人更喜欢用QQ社交，"90后"和"00后"已经成为QQ的绝对主力军。随着互联网的发展不断创新，其独特的功能、新颖的玩法受到越来越多的年轻人的欢迎。

报告显示，使用互联网和社交网络的老年人，其生活满意程度明显较高。在生活满意度十分制量表中，使用互联网和社交网络的老年人更倾向于高满意度（8分及以上），约占74.1%，比仅使用互联网的老年人呈现高满意度的比例高出15个百分点，也高于不使用互联网的老年人。社交网络对于改善离婚和丧偶老年人主观福利的作用明显。不使用社交网络的丧偶和离异的老年人更易呈现中度或重度的孤独状态，平均比例约占65%以上；而使用社交网络的丧偶和离异的老年人多呈现轻度孤独状态，平均比例在50%以上。社交网络具有较强的情感赋能作用，可促进代际交流增加，家庭关系更加紧密。35.2%的老年人认为在使用QQ等社交网络之后他们与子女的关系变得更加亲近，24.8%的中年人认为他们与父母的关系变得更加亲近。

调查发现，社交网络对中年人的人力资本和社会资本的累积具有帮助。45.5%的中年人认为社交网络对增加职业、教育和生活机会比较有帮助，15.6%的中年人认为很有帮助。中年职场人群通过社交网络的连接，与同事沟通了感情，缓解了工作中的压力。48.6%的被调查者认为社交网络对促进与同事的交流、给工作减压比较有帮助，29.1%的被调查者则认为其很有帮助。

报告认为，半数以上的青年愿意尝试以互联网和社交网络为平台的职业选择。青年人在社交网络相关职业的选择中，排名前三的分别为微商、公众号写手、电子游戏玩家，其分别对应的百分比为30.3%、18.6%、16.8%，由此可见，以一种虚拟网络平台为基础构建的新型就业模式可能在青年中有一定的市场。

"90后"和"00后"是QQ社交网络的主力，在QQ的各项功能上，"90后"和"00后"超越了最早使用QQ的"70后"和"80后"。以QQ空间为例，"90后"的使用比例为73.5%，"00后"的使用比例为67.9%，而"70后"的使用比例为46.8%，"80后"的使用比例为53.5%。

从家庭关系和构成来看，青年人是社交网络使用的先行者，报告显示，他们对自己的父母呈现出一种"带路人"效应。这种效应表现在，针对不上网和不使用社交网络的老年群体，青年人主要起着引领作用；针对上网和使用社交网络的老年人群体，青年人起着促进作用。无论父母是否使用互联网和社交网络，青年人都更倾向于"代理消费"，即帮助父母上网购买所需的商品，青年人的"代理行为"逐渐日常化。父母使用互联网和社交网络的家庭中，青年帮助父母"代理"购买商品的比例为71%；父母不使用互联网和社交网络的家庭，青年人帮助父母"代理"购买商品的比例为55%。

报告认为，子女的"代理消费"通过老年人的物质和精神福利，在很大程度上提升了老年人的生活满意度，增进了家庭成员的亲密关系。

互联网时代的病毒营销

在中国乃至全球的互联网史上，从 1998 年到 1999 年的两年间，是一个黄金时期。

1998 年 11 月 24 日，"美国在线"以 42 亿美元的价格收购网景公司，网景与微软的浏览器之战打到了白热化的地步，比尔·盖茨非常强势地把 Windows 95 与浏览器 IE 捆绑销售，取得奇效，微软还在这一年公布了 Windows 98，将浏览器中的 Web 页面设计思路引入 Windows 中，使 Windows 变得更加生动和实用，并真正成为一个面向互联网的桌面系统。

而中国互联网迎来了"门户时代"，新浪、网易和搜狐相继脱颖而出，成为统治未来十年的"三巨头"。1999 年 1 月 13 日，《中华工商时报》公布了当时国内的十大商业网站，分别是新浪、163 电子邮箱、搜狐、网易、中国网、人民日报网站、上海热线、ChinaByte、首都在线和雅虎中国。从当选网站的类型可见，都是新闻和资讯类的门户网站，它们几乎都没有盈利模式，评选机构的标准是："访问量是最重要的，其次是内容，然后是美观。"

电子商务领域的尝试也各有千秋。1999 年 3 月，马云以仅有的 50 万元创办了一家专门为中小外贸企业服务的 B2B（Business to Business）网站阿里巴巴。几个月后，这家不知名的中国网站就成为全球最活跃的电子商务网站，《福布斯》派出记者追踪寻到杭州，终于在一个叫湖畔花园的住宅小区里找到了这家小公司。

同年6 月，瞄准旅游业的携程网诞生了，它的四位创办人是当时的创业者中身份最为显赫的，沈南鹏是德意志银行亚太区的总裁，梁建章是甲骨文中国区的咨询总监，季琦创办过上海协成科技公司，范敏是上海旅行社总经理和新亚酒店管理公司副总经理。11 月，当过多年个体书商的李国庆和他的海归妻子俞渝联手创办了从事网络图书销售的当当网，它的模式完全是照着美国亚马逊网站复制的。

在搜索领域则出现了百度和3721。2000年，李彦宏在北京中关村创立了百度公司，致力于打造中国人自己的搜索引擎。这一名称来源于宋词中的"众里寻他千百度"，既优美典雅又很好地体现了公司目标。

1998 年 10 月，北京方正集团的软件工程师周鸿祎开发出一种支持用户通过中文找到自己要浏览网站的软件，他在自家的小屋里创办了国风因特软件公司，公司网站名为 3721，取自谚语"不管三七二十一"，颇有我行我素的意思。周鸿祎出生于 1970 年，日后成为马化腾最棘手的竞争对手之一。

总结起来，我们可以发现这些人身上有一些共同的特点。

首先，他们非常年轻，均出生于20世纪60年代中后期至70年代中前期。这是当代中国的"黄金一代"，他们大多数受过正规的学历教育，有良好的专业背景，不少人是硕士或博士，甚至毕业于全球最好的大学。他们的朝气及学识远非之前出身于乡村或城市底层的草根创业者可以比拟的。

其次，这些创业者置身于一个横空出世的信息产业中。从第一天起，他们就是全球互联网浪潮的一部分，他们没有优势资源、强大关系可以凭借，也无须寻求行政单位的支持。因此，这是天生的全球化一代，是在阳光下创业的一代。

最后，他们是风险资金和国际资本市场催化的一代，是"带翅膀的创业者"。这在中国企业界是闻所未闻的创业模式，张朝阳和李彦宏从一开始就有风险投资的助力，周鸿祎和陈天桥在企业运营的一年内得到了风险资金的注入，而马云在被《福布斯》报道之后，便成了国际资金追逐的对象。新浪、搜狐和网易更是得万千关注。1999年底，它们先后启动了去纳斯达克上市的计划。

那么，QQ的影响又到了哪种程度呢？

"别call我，请Q我。"这句口号像病毒一样，引爆了新新人类的流行时尚。

一谈起QQ，许多人第一印象就是好玩。所以"玩"一度是QQ的代名词，是QQ品牌最核心的内涵，有人说QQ再忙也是玩，就是这个意思。这"玩"是怎么深入人心的呢？

马化腾把营销对象定在20岁上下的青少年。

青少年、打工仔、打工妹、商场的保安、学习压力繁重的学生，他们一个月可能有1000多元的收入或者几百元的生活费，这些人娱乐匮乏，缺少交流，分辨力低，贪玩，追逐时尚，对新潮流、新趋势、新事物非常敏感，这些人是"低免疫力"人群。腾讯内部把这些人定位为优质客户。而MSN定位的是中产阶级：年收入20万元以上，有股票，有别墅，有豪车。这个定位完全脱离了当时国内的现实环境。显然，腾讯的定位比微软更符合中国的实际。

接着QQ大量制造时尚"病毒"元素，QQ秀、非常男女、QQ炫舞、QQ表情、QQ皮肤，然后用各种方法传播出去，造星、选秀、促销、微博、公测、征集、有奖调查等，无所不用其极。

2002年10月，腾讯与电影公司Why Not You合作举办"Q人类Q生活"QQ之星选拔赛。2003年，腾讯举办了"牵手QQ演绎生活童话——2003 QQ之星"，吸引了万名QQ"美眉"一展风采。2004年，腾讯举办了"动感地带——2004 QQ之星歌手大赛"，许多年轻歌手脱颖而出。

腾讯搞各种各样的推广活动，比如大学新生QQ秀、QQ校园大使招募活动、游戏大型公测、上海欢乐谷夏季狂欢节分享微博免费送QQ红钻、QQ黄钻等活动。腾讯活动天天有，月月有，年年有，无孔不入，大家看到的是QQ，听的是QQ，玩的是QQ，说的是QQ，无处不是QQ。如此狂轰滥炸，根据"重复就是真理"的原理，QQ像"病毒"一样深入人心，渐渐成为年青一代的流行符号。

事实证明，腾讯的营销十分成功，QQ用户呈几何级数疯狂增加，开始用QQ最多的是大学生，后来QQ就像野草一样四处蔓延，从中学生到小学生，再到社会青年。

"病毒式"营销，让QQ一跃成为中国第一大即时通信软件。

自OICQ——日后的QQ诞生的第一天起，中国社会就出现了一个新的群体，他们大多出生在20世纪80年代，可以直接被命名为"QQ人"。这个称谓背后有四个共同特征。

第一，他们都在少年的时候，即在拥有身份证之前，就申请了一个QQ号，这成为一个独立的符号，是他们与世界单独对话的入口。

第二，QQ提供了一个与真实世界相对剥离的虚拟世界，互联网让人的生活超越了地理疆界，"QQ人"不再是传统意义上的"本土中国人"，而是从未出现过的、消除了地域性的一代人。"QQ人"结交朋友的半径与前一代完全不同，其扩大的倍数与QQ的交际广度成正比例的关系。

第三，QQ改变了一代人表达态度和感情的方式，QQ和QQ秀比信函、电话乃至电子邮件更加直接、快捷和短促，这造成了一个即时、快餐型的时代；同时，习惯于QQ方式的人则可能在真实生活中丧失某种能力。比如很多人在QQ上很活跃，可是在真实生活中无法与人当面交流，"因为没有'QQ表情'，所以不会聊天"。

第四，"QQ人"的世界是一个碎片化的、缺乏深度的世界，人人都是信息的传播主体，传播的速度及广度大多取决于表达的戏剧性。而与"知识的深刻"无关。"QQ人"更敢于表达自己的态度，也更容易被情绪和偏见所吸引。

千里姻缘网络牵

马化腾是一个带有极客气质的技术型人才，也是一个资历颇深的网虫。早年没有创业的时候，他的时间大部分都泡在了网上，每天至少上网三个小时，最痴迷的时候一天上网十几个小时。后来他创办了腾讯之后要忙于事业，就没有多少时间上网了，即使有最多一天也就是一个小时左右。当然，马化腾上网不是为了玩，而是体验他们开发出来的产品是否存在什么问题，因为马化腾最重视的就是用户反馈。

由于马化腾性格比较内向，不太爱说话，也不喜欢呼朋唤友，再加上他理工男技术宅的特性，所以也根本没有时间谈恋爱。也许他自己都没有想到，他一手创办的"小企鹅"竟然会成为他的红娘，将千里之外的姻缘用网线牵来。

　　2004年5月的一天，一名腾讯的香港员工到深圳进行交流工作，由于这名员工不会用QQ，马化腾就用自己的私人号码登录了QQ，教这位香港同事怎么用QQ加人。当时为了添加方便，马化腾开放了添加好友的限制，让其他人可以随便加他。很快，就有一个陌生女孩加了马化腾。

　　当时，那女孩问马化腾："嗨！你是谁呀？"马化腾随便一答："我是企鹅的爸爸。"女孩当然不相信，还以为马化腾是在和她开玩笑，于是也很幽默地说："那我就是企鹅的妈妈了。"结果，女孩还是不依不饶地追问马化腾："告诉我好吗，你到底是谁？"马化腾只好说："我只是一个普通的工程师。"女孩快人快语，自我介绍说自己叫王丹婷，是哈尔滨师范大学管弦系青年讲师。经过一段时间的线上交流，马化腾了解到王丹婷曾经举办过多次二胡演奏会。

　　从这以后，马化腾和王丹婷就成为了QQ上的好友，不过由于两个人工作都比较忙，所以在QQ上聊天的时间也不是很多，即使聊天也都是一些个人兴趣、爱好之类的话题。当时马化腾给王丹婷最大的印象就是：打字非常快，感觉是一个很能说的人。

　　3个月后，马化腾去北京出差，恰巧王丹婷也要去北京开演奏会，于是他们就有了第一次见面的机会，两个人见面之后一起吃了顿饭。

　　见面那天，王丹婷从马化腾手里接过名片，这才知道他真的是"企鹅的爸爸"，这让王丹婷十分惊讶。不过，尽管马化腾有着特殊的身份，但是他给王丹婷的印象是为人真实坦诚，话也没有在网上那么多，却是字字珠玑，一针见血。王丹婷给马化腾的印象也非常不错：文静娴雅，举止得体。就这样，两人有了一种相见恨晚的感觉，他们聊了很长时间，直到饭店关门。

　　两个人在北京的行程结束之后，就各自回到了属于自己的城市。从那以后，每到晚上和周末，王丹婷就坐在电脑旁等候着马化腾上线，不过因为马化腾实在很忙，所以上线的机会也很少，但是只要两个人在网上碰到了就会畅快淋漓地聊一场。渐渐地，两个人对彼此产生了好感，后来他们又找机会见过几次。

一般来说，做IT的人都不太喜欢将太多的时间和精力放在感情上，像百度的李彦宏、当当的李国庆都"属于闪婚一族"。马化腾也没能例外，在和王丹婷交往不久之后，他就向对方求婚了。就这样，两个人从网络邂逅到相知相爱，前后大概用了半年多的时间。马化腾用自己开发的聊天工具找到了另一半。

马化腾和王丹婷的婚礼，是在深圳华侨城的威尼斯皇冠假日酒店举办的。众所周知，威尼斯是世界著名的爱情之城，相传如果能乘坐贡多拉船航行在威尼斯运河上，恋爱的人只需要一个缠绵深情的吻就可以白头偕老。马化腾和王丹婷都喜欢这个美丽的传说。当时，外界传言马化腾斥资6000万元举办婚礼，其实了解马化腾的人一听就知道是个假消息，因为马化腾做事一向低调，不可能这么做。

事实的确如此，马化腾的婚礼拒绝了媒体，只邀请了双方的亲友和腾讯内部的一些老员工参加。婚礼当天，端坐主座的除了男女双方的家长外，还有两位深圳本地的父母官——时任深圳市常务副市长的刘应力和副市长闫晓培，刘副市长还担任证婚人并致辞。由此可见，马化腾当时在深圳的影响力非同一般。

马化腾和王丹婷度完蜜月归来之后，将他们的爱巢选在了深圳。房子前面原本有个人工湖，景色非常迷人，不过却生出了很多的蚊虫，王丹婷每天都遭受蚊虫叮咬。为了不让爱人受罪，马化腾买下了这个湖并找来工人将其填平，并改造成一个大园子。之后，马化腾拉着王丹婷的手说："接下来，就要看老婆你的了！"

后来，王丹婷就在这个园子里种了许多果树。秋天，桃树上结满了红艳艳的大桃子，不过王丹婷却舍不得摘下来吃，而是每天都数一遍过过干瘾。后来，她种的葡萄也结果了，果味浓郁，吃不了就送给来玩的朋友和邻居。

当时，看着满身泥土的王丹婷，马化腾总是很心疼。一次，他突然冒出个新想法，他要替妻子开拓一款网络游戏。有了想法之后，马化腾立即付诸实施，他和公司的技术人员讨论了几个昼夜，最终通过了测试，随后正式向广大用户开放，这就是曾经风靡一时的QQ农场。

近水楼台先得月，王丹婷自然是第一个体验QQ农场的用户，她的种菜级别自然也提高得很快。为此，王丹婷曾经开玩笑说，马化腾是中国网民的奴隶，而她也是网民，因此马化腾也是她的奴隶。

应该说，王丹婷代表了一些用户的需求，所以重视用户体验的马化腾也经常倾听妻子的意见。不过，忙于公事的马化腾，确实没有时间陪伴王丹婷，所以只好用一个又一个的QQ新功能去表达自己的爱了。虽然马化腾没有那么多的时间来陪妻子，但在王丹婷看来，忙于事业的男人有一个好处，就是在家里没有时间生气和吵架了。因此，她也能坦然接受现状。

马化腾因为自己的产品而喜结姻缘，这样的故事对媒体来说自然是充满了新闻点，不过马化腾却不怎么喜欢宣传他自己的情感故事，他一如既往地奉行着"低调为人，高调做事"的原则。

结婚之后的马化腾发生了很大变化，过去马化腾总是每天工作到半夜也不下班，不断地找出很多问题，并交给相关负责人员，大家一起解决问题。现在不一样了，马化腾的下班时间提前了，一般是晚上九十点钟下班回家。尽管如此，马化腾依然是一个工作狂，腾讯的员工总是能在第二天早上看到马化腾写给他们的关于产品改进建议的电子邮件，而发邮件时间通常是前一天晚上的十一二点左右。

除了下班时间提前，马化腾结婚后的另一个变化是开始注重衣着了。在结婚之前，马化腾对衣服没有什么特殊偏好，只要没有正式活动，就会穿一些T恤之类的休闲装。在马化腾结婚后的一个星期天，王丹婷将马化腾的衣柜打开，将全部的旧衣服都拿了出去，把马化腾心疼得够呛，但王丹婷还是坚持将衣服扔掉，之后带着他去了商场。结果两个人足足逛了一天，在晚上回家时，马化腾像个小跟班儿似的跟在妻子身后，手里提着大包小包的衣服。

第二天上午，当马化腾穿着新买的西装出现在公司时，立即就有员工开玩笑说："小马哥，你的品位变得更好了哦。好靓啊！"就这样，马化腾在王丹婷的指点下开始对着装有了概念，每当他出现在公众面前时，也多了几分自信、时尚和洒脱。

对马化腾而言，王丹婷是他坚强的后盾，也是他快乐的来源。他喜欢王丹婷和他的不同之处，比如王丹婷喜欢热闹，喜欢将自己的快乐和他一起分享，也喜欢弹奏乐器。马化腾曾说，女人在演奏时是最美丽的。

王丹婷也十分心疼马化腾，知道他身处IT界，工作十分辛苦，所以只要他们两个人在一起，王丹婷都尽可能地照顾他，让他感到来自家庭的温暖。两个人有空的时候，也会一起出去看电影，或者听听音乐会。

王丹婷说："妻子要让丈夫感受到呵护，其实都在细节上。比如我们去泰国，他看到一个用电线缠做的丑丑的娃娃，简直爱不释手，我可一点也不喜欢，甚至在心里还很怕它的样子。可看他那么喜欢，就帮他砍价买了下来，带着这娃娃回到家里。我想，为对方着想一点，都会有感应返回来，这种感觉非常好。"

通常来说，男人总是担心妻子有了孩子之后会疏远自己，然而王丹婷却不是这样，在他们有了女儿之后，王丹婷请了个小保姆帮助照顾孩子，有空就和马化腾跑出去谈场"小恋爱"。在马化腾看来，他能够娶到王丹婷，人生更有底气了。

2010年10月29日是马化腾的生日，王丹婷想了半天决定送给他一份创意礼物，她通过网络联络了一家报社，然后请了一位漫画家，创作了一幅漫画，在马化腾生日那天刊登在了这家报社的报纸上。这个礼物让马化腾非常惊喜，他一直小心珍藏。

王丹婷对夫妻关系有着自己的看法："有人说，男女之间应该像一个缺了口的圆，刚好找到一块三角形凑上。但如果那块三角形长大了呢，你这个缺了口的圆不就装不下了吗？所以两个人都应该是圆，大大小小不要紧，关键能一起蹦蹦跳跳地向前滚。"

王丹婷就是以这种聪明、宽厚、体贴的方式爱着马化腾，享受着他们之间那种既独立又依赖的爱情，让他们的人生充满乐趣和新鲜感。

最"in"的聊天工具

互联网的普及，必将以其信息的海量性、传播的快速性、沟通的互动性、载体的多样性和持久性，而成为深刻改变当代中国及中国人的最伟大机会。曾有人说"在网上没人知道你是谁"，那么今天，"在网上，没人知道你有多大能量"。

是的，网络的普及，让中国人有了迄今为止最为便捷的信息获取工具，这使得信息封锁成为历史。网络的普及，使过去被划分在一个个圈子中的中国人能够在虚拟环境下紧密联系甚至团结起来，显示出更大的力量；网络的普及，还使得民众通过网络抗议或者支持某一事件成了可能；网络的普及，还使官方与民众之间的沟通渠道畅通了不少。可以这么说，网络，推动了当代中国社会的进步。

过去数年间，网络的成长也成就了诸多新生代企业和网站，比如新浪、搜狐、网易、阿里巴巴等。而在新闻领域，新浪、搜狐和腾讯则成三足鼎立之势。就腾讯而言，在过去很长的一段时间里，它一直被视为"小朋友的玩意儿"，因为那个一闪一闪的可爱企鹅头像，长期被视作中小学生纯粹玩耍和聊天的工具。不过如今，再也没人敢这样小瞧QQ了，光看它多达数以亿计的注册用户，你就可以知道它的威力有多大。如果以1/5的有效注册数来推算，这个数字也占到了中国全体网民数的一半以上。腾讯公司开发的那个随

QQ用户上线而自动发送的新闻弹窗和每个用户每天至少3条的即时新闻，已经让它的影响力呈直线上升。腾讯QQ自从上线的那一天开始，就引起了广大中国互联网用户的热切关注，这个神奇的软件和手机、电脑的有效结合，成为人们生活中必不可少的组成部分。

在QQ出现之前，很多人还在延续着书信往来、电话沟通的交流乐趣，然而随着高新科技的发展，马化腾缔造出的"小企鹅"逐渐变成了人们的通信录，每个人都可以拥有属于自己的账号，通过QQ账号可以结识天南地北的人。

为了满足大众需求，腾讯也不断对"小企鹅"进行创新，持续更新版本，让QQ的功能越来越强大，可以视频聊天，跨越空间距离，让两个相隔很远的人也能够跨越距离，感受到对方的喜怒哀乐，缩短了彼此之间的距离，也增进了感情，减少了思念和牵挂。此外，还能够通过即时语音像打电话那样互相诉说心情。后来，腾讯推出QQ空间，让每一个用户能够随拍随传照片，还能撰写各种长短不一的文章来描述自己的心情，和广大网友一起分享。

有了这个几乎无所不能的平台，网民找到了很好的梳理心情的方式，将每天的感想借助平台付诸文字。另外，好友会对你的心情进行点评，有时候会让人有一种拨云见日、茅塞顿开的感觉。QQ给人们带来的方便，实在是数不胜数，它越来越被更多的人使用，甚至连一些老年人也开始学着用QQ这个平台来展开交流。无论是上班还是出门在外，无论是通过电脑还是手机，人们都习惯打开QQ看看各位朋友的近况，仿佛完全融入了一种新的生活。

随着高新技术的不断发展，QQ也在不断引进更多、更强大的功能，在满足人们对新鲜事物的渴望的同时还能服务于大众。为此，有人不无感慨地说：在QQ上，一些人来，一些人走，而QQ却永存。

还有人认为，这十几年间最了不起的发明就是QQ，因为它足足改变了一个时代，改变了一代人的生活方式和思想观念，而这种改变与传统的交流方式相比，绝对是革命性的。人们通过QQ聊天拓展了自己的社交圈子，认识陌生人并联系老朋友；利用QQ来工作，互相传递文件和E-mail；利用QQ浏览新闻，及时了解国内外的动态；还能够通过QQ群分享信息；利用QQ游戏打牌、下象棋，休闲放松；更有的人，通过QQ找到了自己的另一半，成就了一段又一段的网恋传奇。很多人甚至认为，QQ上的爱会更加纯净，是一种非常接近柏拉图式的爱情。

从生活到工作，从学习到游戏，从现实到虚拟，QQ几乎满足了用户的每一类需求，让人们越来越依赖QQ。难怪有人会调侃说：可以没有手机号，可以没有银行账号，却不能没有QQ。

随着时代的发展，现代人的生活节奏加快，平时工作学习大多都要面对电脑，所以很少有人会采用打电话这种方式来沟通感情，而且有时候拿起话筒之后会觉得无话可说。而QQ就不一样了，不仅因为它是免费的，而且在网上随便聊两句，想起来什么就说什么，是一件很简单的事情。此外，还可以一心多用，不受时间、空间的限制。当然，如果文字不过瘾，还可以通过语音和视频将沟通的方式升级，甚至还可以留言等待对方的回复。从这些特点来看，QQ的确具备很多其他通信手段所缺乏的优势。

相关调查显示，QQ现在已经成为继电话和手机之后，中国人的第三大沟通工具，而且从使用频率来看，QQ甚至超过了电话和手机。如果说电话和手机改变了人们的沟通状态，让沟通跨越了空间限制，那么QQ的出现则让人们的沟通进入了一个全新的状态，它不仅能跨越空间限制，还可以跨越时间限制，而且在沟通的维度上进行了新的延伸：从一对一到一对多、多对多。所以有人认为，QQ正在推动中国人步入一个沟通的新时代。

在欧美国家，民众广泛使用的是MSN、Skype等聊天工具。而在中国，QQ则有着绝对的用户基础。曾经有一个叫作"中印居民沟通指数调查"的项目，向被调查者提出了一个十分有意思的问题："假想一下，现在身边所有的联络工具都将一下子消失，而你只能选择三样留在身边，那么什么沟通工具对你来说最重要最不舍呢？"结果，中国的被调查者给出的答案是：手机（91.1%）、固定电话（82.3%）和腾讯QQ（21.5%）。

这是一个很值得大家深入思考和探讨的话题，在网络上还有一个类似的调查——"汽车等交通工具和手机等沟通工具让你只选其一的话，你将会如何选择？"结果显示，很多人宁愿失去汽车等交通工具，也不愿离开手机。由此可见，手机等沟通工具已经成为现代人生活中难以割舍的组成部分。随着智能手机和移动互联网的发展，手机上的QQ也成为人们不可缺少的软件之一。

很多时候，当人们上网使用QQ聊天时，估计已经忘记了QQ是一个互联网产品，而是将它当作和茶杯、椅子、锅碗瓢盆等生活用品。不管你承认与否，QQ正在像水和电一样，一点一滴地渗入每个人的生活中，丰富着人们的精神世界和物质世界。

第九章　山雨欲来风满楼

"盗号"风波

在网络世界中，有人专事盗窃他人的个人账号。其中腾讯公司的QQ号及各种网络游戏的个人账号，成为这些盗号者最垂涎欲滴的目标。

如果你有令人骄傲的QQ靓号，如果您的QQ号里有大笔Q币；或者你的网络游戏账号里有着让人羡慕的豪华装备，那么，请收起你的骄傲吧，因为在许多网友羡慕地看着你的同时，也可能有许多双贼溜溜的眼睛已盯住了你的账号，他们的魔爪正悄悄向你伸来。

这也是让腾讯头疼的一个问题。

有人说QQ有很多问题，而最大的问题是盗号。

在利益的驱动下，有团伙通过木马程序盗号，有专人生产"木马"，有专人"放牧"，盗号团伙都是通过程序一次可以处理几万个号码，发完广告后退出，用户根本发现不了自己的号码被盗了。对此，马化腾的对策主要是两个：一是法律手段，此前深圳南山区法院就以妨碍通信罪判过一起盗号案；二是建立QQ号码信用体系，一旦用户的信用特征明确，就可以从系统端来判断号码有没有被盗。

2006年10月，马化腾以深圳市人大代表的身份向深圳市检察院提交了一份报告，指出腾讯正成为网络犯罪的受害者，而现行的法律救济机制却存在很多问题。深圳市检察院白新潮检察长随后责成成立以研究网络及知识产权犯罪为主题的课题组。

据调查，近七成网友的QQ号被盗过，只有33.61%的网民表示"我很牛，我没丢过"，其中部分QQ号码的丢失地点是公共场所的电脑，比如"是在网吧丢的"的网民占到了29.53%。

让人意外的是，有多达29.70%的网民是"在自己家电脑上弄丢的"。公共场所鱼龙混杂的确容易导致盗号木马、病毒猖狂作案，但私人电脑上丢失QQ的比例如此之高，确定暴露了网民的安全意识还很淡薄。

但这个问题不是不可以解决：实际上盗窃QQ密码的手段主要是通过盗号木马和"网络钓鱼"网站，估计有不少网友都有一样的经历，收到过一些看似来自QQ网的链接，这个链接和QQ网的布局、菜单设计一模一样，但你千万不要中了圈套，否则QQ很有可能被窃取、网游甚至网银账户密码。虽然说对于这些钓鱼网站，一些安全卫士已经做到有效拦截，但网民还要注意定期及时地安装或者升级到最新版本。并且要在"保护"窗口中开启"网页防漏及钓鱼网站拦截"功能。对一些无法查杀的顽固木马可以采用"文件粉碎"功能进行查杀。

2006年，针对网上屡禁不止的QQ号盗窃行为，腾讯表示，公司将采取行动，重拳打击QQ盗号现象，并且不排除使用法律武器的可能。针对被盗QQ号的使用特征，腾讯在这一年增加了验证码保护和频率保护、总量保护等技术手段遏止盗号。如果用户加好友、加群等过于频繁，则可能需要输入验证码；如果一个号码或IP在极短时间内进行了太多加删好友、密码修改等重要操作，则会被暂停上述功能。

2006年1月13日，"全国首例QQ号码被盗案"由深圳市南山区人民法院作出一审宣判，以侵犯通信自由罪判处盗取了200多个QQ号的被告人曾某、杨某各拘役6个月，使用的法律条文是"侵犯通信自由罪"。同样以此罪名获罪的，还有许昌市的侯某，他因盗窃了57个游戏账号，价值39740元，在2007年11月24日被判处有期徒刑4年。

2007年，马化腾在接受《中国企业家》采访时说道："腾讯做互联网原来只要和网民接触，现在需要公安、司法等外部世界结合。比如我们抓的盗号集团就抓了十几个，广东省有史以来最大的盗号案，用了9个月才破获……这其实也是在唤起一个意识，很多小孩子还不知道盗窃虚拟物品是不是犯罪，所以说现在也在这方面努力。我现在最担心的就是网络安全问题，我们做了很多事情，我相信我们现在在反账号盗窃方面的技术绝对是一流的，很多概念很多人可能听都没有听说过，因为没有经历过。"

2008年11月，马化腾在第二届中美互联网论坛上表示，盗号木马、网络诈骗钓鱼、私服外挂等现象危害着互联网的发展。"一天之内，我们会有10万个QQ账号被盗，一些犯罪分子为了巨额的经济利益，不惜铤而走险！"

实际上腾讯也为用户提供找回账号的服务，但是这个周期比较漫长，马化腾表示，盗号的往往不是个人而是一个恶意的团队。

"用户提供给我们的信息是有限的，有时候我们不知道哪些是真的哪些是假的，工作人员需要时间去核对这些资料。"

为了保护用户的利益，腾讯公司发布了反盗号软件"QQ医生"等。随着2010年腾讯的QQ医生升级版的悄然上线，很快人们就发现，这款原本只是用来查杀QQ盗号木马的防护软件，已经包含了云查杀木马、系统漏洞修补、实时防护、清理插件等多项安全防护功能，甚至还搭载了免费半年的诺顿杀毒。

而对一些用户而言，QQ号被盗不全是坏事。某女士就因QQ被盗而有了一个意外的收获——找回了一个很多年都不联系的好友。

"这个骗子给我的大多数的好友都留言了，从小学同学到博士同学；从几乎没说过话的好友到我父母。在线的话，他们就会继续聊下去，在国外的同学一般就发一个链接过去让他们点击，只要点击之后，他们的QQ号码也会被盗。

"对我那个好友，那个骗子只是问了她在不在，后来等我上线的时候她才回复。于是我告诉她原委，就这样聊了起来。其实我都不记得是多久以前加的她的QQ，可是自从加过就没有再联系，很多的好友不都是这样的吗？本来曾经关系很好的，可后来就不联系了，似乎彻底从你生命里消失了。

"我以前曾经写过一篇博客，就说人生是一个旅程，有人陪你走一段，然后渐行渐远；有人陪你走一生，直到终点。很多的朋友只是陪你走一段，注定会成为你生命中的过客。所以当有一天你们不再联系，也不必失落，只是你们都开始了新的生活而已。可是如今科技如此发达，就算彼此不再联系，可是还是会有对方的联系方式。我们只是不再主动去联系对方了，逐渐就陌生了。

"如果没有这件事情，我恐怕以后都不会跟这位好友联系。可是当我们聊起来之后，发现彼此还是如此投缘，这让我忽然觉得：为什么当初我们会断了联系？如此好的朋友，我却让她消失在了我的生命中！从这个角度来想，我还要感谢这个盗号的骗子呢！"

收费注册惹风波

在QQ走进人们的生活之后，很多网民只要打开电脑，就会习惯性地在第一时间登录QQ。的确，QQ确实很方便，不仅可以在线聊天，还能够在线传送文件及离线传送文件，满足了很多办公一族的需求。另外，QQ邮箱也是便捷无比，以及后来开发的QQ音乐、QQ游戏、QQ农场等，都产生了一大批对其依赖性很强的用户。

不过问题来了：如果有一天QQ收费，你还会用吗？虽然现在的用户听到这个会觉得有些不可思议，然而在2001年时，很多需要新注册QQ的用户还真的要考虑这个问题。

随着2000年纳斯达克股市的崩盘，全球互联网企业进入了一片寒冷死寂的"严冬"，紧接着，"多米诺骨牌"效应造成了IT产业的整体下滑，导致市场中的各个行业一片低迷。当时，马化腾除了在融资方面动脑筋外，也在想着其他让腾讯收获金钱的办法。对很多互联网企业来说，要想盈利就不得不正视这个问题。

在传统的经济现象中，边际效益通常都是逐步递减的，在互联网领域却不是这样，而是在一个漫长的区域里等于零，只有当超过"临界点"的时候，边际效益才会突然显露出来，产生戏剧性的暴增。

腾讯也是如此，在2001年中期，腾讯的新增注册量更是急剧增加，这让腾讯公司不堪负荷。无奈之下，腾讯开始对用户注册实施控制。于是从2001年2月开始，腾讯对用户的注册进行限制，并逐级递减直到用户很难进行注册。尽管如此，每天还是有大量的新注册用户。

那段日子里，腾讯过得并不轻松，因为腾讯每个月的费用开支都在200万元左右，其中仅增加设备的费用就占了其中的$3/4$。于是到了2002年3月，腾讯尝试着推出了"QQ行靓号地带"的业务，开始出售QQ号码。后来到了2002年9月，为控制QQ用户的猛增，腾讯正式推出了QQ行号码，每月收费2元，原来的免费号码和一次性号码申请中止。当年11月，QQ发出法律警告函，封杀买卖QQ号码的行为。

2002年底，让广大用户"心碎"的消息出现了：免费号码和一次申请（付费）长期使用号码停止发放，QQ主打每月2元租用费的QQ行号码。

中国网民已经习惯了从互联网上免费获得资源和信息，所以对腾讯的做法表示很受伤。有人反映说，他们已经容忍了腾讯的弹出广告和窗口闪烁的广告，现在又拿出这种办法增加收入，他们认为这让人难以接受。

2001年7月底，一位网友撰写了一篇名为《腾讯QQ，你做得太绝了》的匿名文章，率先向腾讯发难。由于这篇文章反映了一部分用户的心声，所以被大量转载，随即引发了腾讯和媒体的口水战。文章写道："如果你在最近一个星期要注册QQ新号码，你将不断得到一个失望的结果——'服务器拒绝注册请重新申请'。其实你就甭白费力气了，压根儿就重新申请不了，因为腾讯最近推出了168声讯台和手机注册……腾讯对此的说法是由于服务器太忙，在早上8点到凌晨2点这一时间段内，可能无法通过网络注册新用户。笔者分别在上午9点、下午3点、晚上11点及凌晨3点试验注册腾讯新号码，结果都是——'服务器拒绝注册请重新申请'，并且这个结果是很快显示出来的，绝对不像是服务器太忙，否则会有较长时间的延时才显示结果……"

站在用户的角度看，一款免费的软件突然收费，从情感上来说确实让人接受不了，可是站在腾讯的角度看，巨额的成本支出让公司难以承受，适当收费也没有任何过分之处，只是这个从免费到收费的过程改变了用户的使用习惯。

当时，不仅网民对QQ收费持反对的态度，就连广大媒体对此也是口诛笔伐。在2001年8月20日的《精品购物指南》上，出现了一篇名为《要学邮箱注册收费，腾讯上演东施效颦》的文章，由此引发了腾讯和这家媒体的口水战。

同年8月22日，腾讯就该义发表了重要声明。从声明来看，腾讯的反驳绝对是合乎情理的，之所以限制注册是因为一些网友一个人就注册多个QQ号，占用了相当多的资源，是对公司仅有资源的一种浪费。当然，腾讯方面也表现出了很大的克制，希望用户不要抱有成见，以此来获得一个合作双赢的局面。

在腾讯发表声明之后，大部分媒体也意识到了之前的声讨有些不妥，认识到这是对腾讯收费初衷的一种误解。不过，为了不让公司被成本开支拖垮，腾讯还是坚持QQ收费计划。

其实作为一家企业，腾讯当然有权进行任何单方面的改革，而用户的权利只限于"承认"或"退出"的选择，这也是面对生存压力和市场竞争的一种无奈之举。

2002年5月，网上忽然出现一种传闻：QQ马上要进行全员收费。到了7月，马化腾接受电话采访时说，腾讯只是对新注册用户收费，同时也会保证一部分的免费和一次性号源。至于那些比较好的靓号，是要花费每月10元的会员费用才能拥有的。

马化腾说过，其实QQ一直在采取收费的发展策略，比如手机注册和当天用户限量注册等商业措施都是如此。当然，对于新注册用户，腾讯会适当地增加一些相应的服务，比如更好的密码保护服务等，从而让这些花了钱的用户心理平衡。另外，腾讯还表示，在推出收费用户注册的同时，QQ也会继续保留"免费用户"的注册申请，而且会更多地面向"海外用户"开放。

曾经有国内的IT网站就QQ收费做了一项调查，调查结果显示大概有81%的用户认为，如果QQ收费将使用其他即时通信软件。由此可见，如果QQ真的采取全员收费，将会流失很多用户。

也就在腾讯收费期间，朗玛的UC赢得了在线22万人的辉煌战绩，和以前那些只有几千人在线的对手相比，这个新对手生命力更加顽强，发展速度也很快，对腾讯有着极强的威胁。腾讯意识到，如果继续收费，"小企鹅"可能会遭遇极其危险的祸患，于是赶紧调整了策略。

2003年6月，腾讯借着庆祝移动QQ三周岁生日的契机，对外宣布：新开通的移动QQ用户，将免费获得长期使用的QQ号码一个。毫无疑问，这个消息打开了长期使用号码发放之门。

2003年8月，QQ重新向广大用户开放了免费注册服务，不过却做出了如果连续7天不登录将收回号码的规定。过了一个星期，又做出了连续一月不登录收回号码的规定，接下来又改成了3个月不登录收回的规定。到了最后，变成了只针对恶意注册或长期不登录的QQ号码。

显然，腾讯对收费和不收费的政策调整，是它意识到了仅靠注册收费获得的微薄收入，绝对要低于用户流失而造成的损失。也正是这次风波让马化腾更加坚定了他的商业模式。

2010年5月，腾讯表示：腾讯的商业模式跟其他企业不一样，它的思路是提供大量免费的服务，而当时腾讯拥有高达5亿的活跃用户，覆盖了中国过亿的网民，所以腾讯将通过免费的服务去开发增值服务，这才是腾讯主要的收入来源。

由此可见，马化腾谋划的这个商业模式，即便放在全球的范围下审视，也是独树一帜的。后来，这个模式被专家概括为"马化腾法则"。

"马化腾法则"的精髓在于，它将服务分割成两个部分；一个部分是基础业务；另一个部分是增值业务。对于基础业务来说，必须是免费开放才行，而增值业务则是多样化和高端化的。当然，马化腾并非一开始就明确了这样一条法则，他也是在摸索中前进，直至为腾讯找到了符合自身特点的商道。

通过这次收费风波，腾讯终于清醒地认识到，QQ本身不是一棵摇钱树，而是种植和培育摇钱树的肥料与土壤。当腾讯将目光投放到QQ以外的某些领域后，财源自然就滚滚而来了。

"珊瑚虫"和"企鹅"的恩怨情仇

2006年，北京市海淀区人民法院的判决让"珊瑚虫QQ"从曾经的辉煌走向了末路。10多万元的赔偿金也给其他正在开发和制作QQ第三方改版的作者提了个醒。

这一次，"珊瑚虫"是真的"死了"。那么在这个让很多人不觉得存在悬念的判决背后，到底潜伏着什么样的故事呢？QQ的显IP之路还会继续走下去吗？如果走下去，将会走向何方？

2006年，对于很多网民和互联网企业来说，是一个喧嚣的年头，这一年不少流氓软件出现在网络上，网上交易变得火爆起来，名人博客也一度成为人们关注的热点……热闹得简直像一个菜市场，网民就像是清早出门挎着篮子买菜的家庭主妇，在众多摊位面前不知所措。

这一年，马化腾和过去一样，一如既往地对他的QQ做着更新。与此同时，一个依靠QQ火爆起来的"珊瑚虫QQ"，也在进行着它的收尾工作。只是这时候，"珊瑚虫QQ"的作者却没有预感到自己将要面临的是何种灾难。

"珊瑚虫QQ"是什么？它是一款基于腾讯QQ的第三方辅助软件，包括完整的"珊瑚虫"集成版安装套件和类似于外挂类型的"珊瑚虫"增强包。通常来说，"珊瑚虫"的程序在运行的过程中不会修改腾讯QQ的程序源代码。

"珊瑚虫QQ"的主要开发者是北京理工大学计算中心的陈寿福（Soff Chen）。陈寿福业余从事IPQQ开发多年。早在2003年，腾讯就和陈寿福有过接触，对他提出了警告，后来陈寿福写下保证书，承诺"关闭本人网站上关于QQ软件修改版本的下载服务，删除与该修改软件版本有关的内容，并停止传播，今后保证不再对腾讯QQ软件作出任何修改"。从此腾讯和陈寿福之间的恩怨表面上结束了。可是，外挂形式的显IPQQ思想，却又一次引起了陈寿福的兴趣。因为"珊瑚虫"外挂规避了版权问题，所以陈寿福重操旧业，继续研究起来。

在他的改良之下，"珊瑚虫QQ"具备了很多"炫"功能：能够显示好友的IP地址及地理位置，还可以屏蔽腾讯提供的广告，也能够安装MSN风格的提示声音，此外在增强包中还提供了丰富的定制功能。

正因为这一系列的附加功能，让"珊瑚虫QQ"一经问世就受到了一些用户的喜爱。无论是测试版还是稳定版，"珊瑚虫"每进行一次更新，都能引起新老客户的关注，这也正是陈寿福能立足于互联网市场的本钱。

不过，腾讯当时对"珊瑚虫"也是没有办法，因为它本身没有修改QQ的任何程序，所以避免了相关的版权问题，而"珊瑚虫"因其外挂的优越性能，立即引来了大量下载。从一些网站的数据显示来看，它甚至超过了QQ的下载量。

每天都要追着官方QQ被动推出新版本，让陈寿福感到十分乏味和无聊，于是，在外挂思维及GAIM与Luma QQ等思想的指引下，陈寿福开始琢磨一种新的方式。他找到了一个新的执行者，之后写出了"珊瑚虫QQ 4.0"。

"珊瑚虫QQ 4.0"绝对是一个里程碑式的作品。以前的"珊瑚虫QQ"版本需要耐心地检查QQ的内存，找到IP地址的入口，是一个简单的解密过程，而"珊瑚虫QQ 4.0"却从根本上杜绝了这个问题，它能够直接截获QQ的网络包，从网络包中获取对方的IP地址。

随着"珊瑚虫"的不断更新和发展，腾讯也开始注意到这个"小东西"的存在。腾讯不能再坐视不管了，要为自己的"小企鹅"的版权讨回一个公道。

2006年9月前后，腾讯通过相关渠道找到陈寿福并正式控告他侵犯著作权及不正当竞争，此后经过一段时间的审理，法院判决陈寿福败诉。尽管判决书很长时间之后才被公布，然而判决结果却早就对外公布出去了。当时，这个案子在圈内的关注度很高，其他的改版QQ制作人也在偷偷观察着，进而试探腾讯的底线。不过他们似乎感到失望了，因为腾讯在面对这一类问题时，表现出了强硬的态度，甚至拒绝庭外和解，显然有杀鸡骇猴的意思。

腾讯之所以不依不饶，是因为陈寿福的"珊瑚虫"触及了腾讯自身的利益。对腾讯来说，第三方改版QQ的盛行让原版QQ的用户越来越少，而各种改版的QQ都会剔除QQ的广告。尽管对腾讯来说，QQ客户端广告并不是腾讯的主营项目，然而还是影响到了腾讯及其广告客户的利益。此外，由于一些改版QQ擅自捆绑了其他软件，让不明就里的用户感到很恼火，进而将这种怨气发泄到腾讯的头上。

或许正是出于上述种种原因，腾讯才执意要拿人气最旺、技术最好的"珊瑚虫QQ"开刀。

不过，明知道改版QQ是在侵犯腾讯的知识产权，为什么还有这么多的"第三方"乐此不疲地扑上来呢？答案很简单，因为这其中有利可图。

就拿"珊瑚虫QQ"来说，它主要是通过捆绑插件来盈利，针对市面上比较热门的软件，插件商们都会给出比较优厚的条件让软件作者捆绑他们的插件，多的一个几角钱，少的一个才几分钱。虽然单价很低廉，但别忘了中国互联网用户是数以亿计的，只要有几十万人下载安装，那就是几千几万元的收入，更不要说像"珊瑚虫QQ"这种热门软件的下载量了。粗略统计一下，"珊瑚虫QQ"当时的年收入应该以百万元来计算。

很显然，陈寿福的官司牵动着每一个第三方改版QQ作者的心弦，虽然从表面上看他们是作壁上观，并没有发表任何看法，然而在暗中却各自打着小算盘，谋划下一步的对策。当时，在改版QQ中真正以技术著称的只有两家，一个是"珊瑚虫QQ"。另一个就是"飘云QQ"，其他的则是集成"珊瑚虫QQ"增强包并做了一些简单的改动而已。假设"珊瑚虫QQ"以后不再更新了，那么其他版本QQ的作者会转向集成"飘云QQ"，甚至退出制作显IPQQ。

审判的最终结果让第三方QQ改版作者替自己捏了一把汗：陈寿福犯侵犯著作权罪，判处有期徒刑3年，追缴117万元，再处罚金120万元，总共涉案金额达237万元。

2010年3月，陈寿福出狱，身体和心理各方面的状况都比较良好。至此，一度热门的"珊瑚虫QQ"宣告结束。

继"珊瑚虫"之后，"飘云QQ"的制作团队也意识到不能再继续玩下去了，所以在2007年10月11日，"飘云QQ"的主要作者"RunJin"和"疯狂绅士"双双宣布退出"飘云显IPQQ"开发，这意味着另一个具有技术性的第三方QQ退出了历史舞台。当然，也有一些其他的第三方QQ改版的作者继续在这条路走下去，不过从他们的发展前景来看，都是非常黯淡的，因为当腾讯的利益被触及时，马化腾不会心慈手软，他会拿出绝对强势的态度去和损害"小企鹅"利益的争夺者进行对抗。

其实，让腾讯QQ恢复到一个原生、纯净的状态中，是更多用户希望看到的，毕竟第三方的改良版本总会隐藏着一些安全隐患。现在我们只能说，是因为"小企鹅"树大招风，所以才吸引了一大批前来掘金的冒险者。

如何应对网络诈骗

中国有句俗谚："树大招风。"当马化腾将腾讯这只"小企鹅"培养成了一只硕大无比的"帝企鹅"时，"风"也就来了。

随着QQ用户的不断增多，腾讯渐渐被一些活跃在网络上的犯罪分子盯上了，导致"小企鹅"成了网络犯罪的最大受害者之一。马化腾表示，他最担心的就是安全问题。在腾讯2006年的年报中，提升用户安全被列为最优先处理的项目。

韩先生来自山东德州，当时他正在家里上网，看到自己登录的QQ图标弹出一条"腾讯QQ系统中奖信息",称他在"腾讯公司和三星电子公司联合举办的抽奖活动"中中了5.8万元和一台三星笔记本电脑。韩先生随后拨打了网页上留下的客服电话,之后仅仅过了两个小时,他辛苦攒下的6000多元钱就轻易地进入了骗子的腰包。

在汶川地震后,甚至有假冒腾讯网慈善频道,标题为"腾讯公益慈善基金会联合中国红十字总会李连杰壹基金计划为5·12四川地震紧急募捐"的网站,其实这是黑客建立的钓鱼网站,其公布的募捐账号也是假冒的。汶川地震后的7天时间里,就有7起假冒腾讯以"公益"为名的诈骗案件。

根据对2007年各类网络诈骗案件的情况分析,案值少的百余元,多的达到了几千元。受骗者一半以上是20岁到30岁的年轻人,其中以公司职员和学生居多。通常,这些诈骗分子是通过QQ等即时聊天工具,以一些知名公司或网站的名义发布虚假中奖信息,然后利用一些人贪小便宜的心理,以高额奖金和笔记本电脑或其他数码奖品为诱饵,打着"公证费""手续费""保险费"等名目骗取网民的钱财。

2005年12月,马化腾在接受《中国新闻周刊》采访时说:"我觉得,从互联网环境来看,整个社区肯定有好有坏。我们做了大量努力,但是像现实社会一样,还是会发生很多利用人性的弱点的案例,比如获得信任之后去行骗。这不是技术问题,而是人与人之间沟通的问题,反映了一个真实社会所会有的情况。"

事实正是如此,即时通信只不过是一个通信平台。这就像可能有犯罪分子利用电话来犯罪,但这不是电话运营商能完全担负责任的。马化腾只是为广大网民提供了一个工具和平台而已,好比那些提供邮件服务的运营商,对邮件的内容是无法直接进行监管的,只能采取某些技术手段,对群发的邮件、垃圾邮件进行适当限制。

尽管腾讯难以对所有内容进行监控,但腾讯还是不遗余力地对网民进行了防骗的教育工作。在QQ的界面和对话框的显著位置，经常会有提醒网民谨防上当的警示语。此外，腾讯还通过一系列的技术升级与服务优化，进一步增强了QQ的安全性。

2007年3月，马化腾在"网络与知识产权刑法保护"研讨会上说："计算机及网络领域的新型犯罪也接踵而来。现在我们所接触到的一些网络犯罪行为，多以窃取用户'互联网服务使用账号'等手段来达到侵权目的，这些行为扰乱了正常的网络秩序，给广大人民群众的现实生活带来诸多负面影响。然而，我们能明显地感受到这类违法犯罪事件频繁发生却难以控制，该类行为除了具有隐蔽性强等特征外，还有社会环境、法律体系、技术、管理、教育等多方面的原因。例如，当前的法律对许多网络不法行为还难以定罪或者量刑过轻，起不到应有的惩戒与震慑作用。同时，网络道德标准还未确立，缺乏正确的教育引导，一些实施网络侵权行为的不法分子，如黑客、病毒制作者等反而被当成'技术天才'，使我们的社会评价体系发生了不应有的倾斜。"

事实上，网络违法犯罪行为给社会稳定带来了极大的破坏，也给互联网世界的健康发展带来了严峻的挑战。所以对很多互联网企业而言，充分运用法律手段，加强网络管理，有效维护网络秩序是必然选择。

2007年1月8日，为遏制网络盗窃行为，腾讯联合网易、金山、盛大、九城4家知名网络服务商，共同发表成立"反网络盗窃联盟"的声明，希望对网络盗窃予以严厉惩罚和打击，帮助用户维护其网络财产的安全。腾讯表示，希望和其他同行一起以积极的态度和创新的精神，坚决同这种龌龊的盗窃行为做斗争，将互联网建设好、利用好并管理好。

目前，腾讯在公司的运营方面已经将重点放在了关注安全、稳定和网络质量三个方面，其中重中之重就是安全问题。为此，腾讯一直和金山等国内一流的防病毒开发商开展深度合作，共建QQ的安全中心，此外还不忘和国家有关部门联合起来，共同打击对用户利益侵害严重的非法挂机网站及一些恶意广告网站。在稳定性维护方面，腾讯还计划对后台系统进行软硬件方面的优化，从而保证服务质量的可靠性，此外还建立了24小时值班中心，一旦发现异常现象马上作出反应。

为了满足用户使用QQ时的安全需求，帮助指导用户更专业地使用QQ安全防护措施，腾讯还十分具有开创性地设置了"QQ安全自习课"。所谓"QQ安全自习课"，其实是一个在线学习课程的虚拟课堂，它将网络上比较典型的案例拿出来，结合多种安全领域经验提供个性化在线学习课程，还加入了幽默直白的漫画，讲述了与QQ有关的各安全领域的问题及处理方法。

在用户看来，上一堂QQ安全自习课，不仅能学会如何防止被骗和防止病毒，还能从中了解到腾讯在保护QQ安全方面采取了怎样的措施，非常值得一看。特别是对那些初学上网的人，通过视频能够学到相关的网络知识来保护自己，大有裨益。

2016年7月5日，微信团队发布公告称，近期发现有用户利用微信关系链，通过微信公众账号、微信支付实施高额返现返利行为。微信团队表示，这种行为本质上是欺诈行为，一经发现存在此类行为的账号，微信公众平台将对其永久封号处理，并有权拒绝再向该运营主体提供服务。

微信团队发布的公告显示，此行为模式多数表现为消费佣金返现返利、多级多层返现返利等，在一定程度上体现了金字塔欺诈、庞氏骗局等行为特征，即以高额返现返利吸引用户参与，以新入用户资金来支付原有用户的返现返利，形成层压式资金链条。

微信团队同时建议，用户遇到此类欺诈行为，应当第一时间通过法律途径，向户籍地或涉嫌诈骗商户所在地公安机关报案，腾讯将积极协助公安机关依法处理。

在这一问题上，腾讯对外界发表了一封公开信，信中表示，互联网时代，电信、网络诈骗是影响和威胁用户使用及信息安全的最大毒瘤，从目前看来，依靠任何一家公司或者机构独自作战所起到的作用是远远不够的，合作伙伴应该联合起来，共同打击电信网络诈骗黑色产业链。

域名又起风波

2001年4月，腾讯公司将其即时通信软件的名称"OICQ"更名为"腾讯QQ"，从那时起新域名被启用。此后整整两年，腾讯公司一直把域名作为其主要网站入口。

事情的发展不如想象中顺利。腾讯发现互联网上出现了一些与腾讯业务极其相似的"QQ信使""QQ俱乐部"网页，而且更加巧合的是，这些网页来自一个域名为"QQ.com.cn"的网站。

腾讯公司在2002年底向中国国际经济贸易仲裁委员会域名争议解决中心提出对域名的投诉书。虽然被投诉人在网站内容上与腾讯QQ有着千丝万缕的联系，而且有利用QQ名称之嫌，然而，北京鼎扬科技有限公司早在1999年6月23日就注册了域名，这个时间早于腾讯现有名称诞生的时间。2003年1月16日，仲裁委员会域名争议解决中心专家不支持腾讯的投诉请求，驳回其投诉，并一致裁定维持被投诉人作为域名注册人的地位。

祸不单行。继域名被同行提前拥有后，腾讯QQ再次在CN二级域名开放的20分钟内，被别人抢注了域名。注册人是原先三级域名的持有者黑龙江数据通信局的刘先生。所有与QQ品牌相关联的域名，腾讯居然没有其中任何一个的主权。

2004年1月7日，互联网业界发生了一件事情：域名的原拥有者被一家名叫北京中科三方网络技术有限公司的域名代理商确定为此域名是非法持有。随即当日，该域名的所有权就转移到了腾讯科技有限公司的旗下。对于此事，业界争议声很大。

2004年1月19日上午，腾讯公司通过公关公司跟网易商业报道取得联系，并发来一篇关于这一事件的说明。说明如下：

腾讯公司一贯重视知识产权的保护，一直密切关注与QQ相关的域名情况。公司法律部门调查发现，域名的原注册人的营业执照已于2002年被吊销，已不具备拥有该域名的法律资格。腾讯随即按照《中国互联网信息中心域名注册实施细则》有关规定及相关法规向主管机构提出域名申请，并于2004年1月7日依法注册了域名。作为该域名的合法拥有者，腾讯将可以为广大QQ用户提供访问便利，更好地维护广大QQ用户的利益。

北京中科三方网络技术有限公司随后也发表了一则声明：

1. 原域名注册人"北京鼎扬科技有限公司"于2001年4月26日被工商机关吊销营业执照，至今已经2年零8个月；

2. 在北京鼎扬科技有限公司被吊销营业执照后，并未按照《中国互联网络域名管理办法》第二十三条的规定，在信息变更后30日内及时通知我公司，并更新信息，其域名注册信息一直处于不真实、不准确、不完整的状态。

其实，CN域名允许转让、买卖，因此一些含金量高的CN域名成为争抢的对象。原先三级域名的注册时间决定了注册人对其二级域名的优先升级权，就是一个典型的例子。从当时情况来看，仍然有很多享有优先权的注册人其实并没有在规定时间内提出升级申请，或是注册成功后没有及时交费导致域名面临被删除，这些域名在CN正式开放后公众就可以平等注册了。

随着腾讯开始着手拓展门户等业务及意识到QQ强大号召力的时候，腾讯开始计划把域名买回来。

而此时，QQ.com这一域名一直被别人持有。收购域名，腾讯并没有通过国外的域名交易公司，而是直接找到了域名原所有人罗伯特·亨茨曼，然后通过一位熟识域名交易的代理人进行远程操作交易的。

域名的回购，不仅了却了马化腾的夙愿，让腾讯这只"小企鹅"找回了这块属于自己的"地盘"，也为腾讯日后进军门户网打下了坚实的基础。

可以想象的是，腾讯也为此付出了高昂的代价。根据国际互联网最著名的域名交易商Greatdomains对域名估价模式，Greatdomains采用三个C来估计域名的价值，这三个C分别为Characters（域名长度）、Commerce（商业价值）和.Com（所在的顶级域名）。每个C都是一个很重要的因素，三个C综合起来决定了域名的价值，QQ.com域名达到Greatdomains所评定的最高级别4星等级，根据4星等级标准，当时估价在10万~120万美元左右。

事后，腾讯把法务部作为一个部门独立了出来。几乎与此同时，腾讯在2003年初的招聘广告中，历史性地出现了"知识产权研究员2名，法务高级专员1名，专利律师1名"等招聘信息。

专家指出，在一个特定的域名系统里，域名具有唯一性，所以知名品牌的域名特别容易因为被抢注而发生纠纷。然而，随着域名命名标准和系统趋于开放和多样，随着国际化域名、中文域名、二级域名等新的标准层出不穷，标准下面还有细分标准，特定对象的域名标志的唯一性趋于淡化。除非真正财大气粗、维权意识敏锐的国际品牌公司，否则要把所谓知名品牌的各种域名统统注册在手，往往是一件费力不讨好的事情。

当时，域名的战争仍处于特定企业个体孤军奋战的阶段。也就是企业必须具有超前意识，主动进行保护性注册。如果事先一些细节没有顾及，极有可能为以后埋下危机。

就连最知名的搜索引擎网站谷歌也遇到过域名尴尬事。

2005年4月，全球互联网搜索巨头谷歌以百万美元的巨资买回了几年前被别人抢注的CN域名，创下了CN域名史上交易的最高价。有两个域名几年前曾被北京国网公司先后抢注，谷歌为了夺回域名，曾向中国国际经济贸易仲裁委员会提出争议请求，但被驳回。遇挫之后，谷歌选择了赎买，而赎买的成交金额在百万美元以上。这一天价成交赎买，也在域名投资界掀起了不小的波澜。

由上述事例可以看出，保护知识产权是一项任重道远的工作。作为投身于互联网事业的有识之士，时刻应当绷紧这根弦。

Part 4

构建连接一切的"腾讯云"

第十章　打造一个无敌团队

五个人的核心团队

　　腾讯刚创办的时候是五人决策小组，相应的组织结构分四块。除马化腾外，其他四位创始人每人单独分管一个领域：张志东管研发，分为客户端和服务器两个方向；曾李青负责市场和运营，主要跟电信运营商打交道，也从外面拉来一些单子；陈一丹专注于行政事务，例如招聘和内部审计；许晨晔所领导的职能部门多是对外的，如信息部、公关部都属于他的管理范畴，另外也包括初期网站部的运营。

　　与这个组织结构相对应的决策体系也颇有看点。在他们合作的初期，负责行政、财务的陈一丹和负责营收的曾李青在决策过程中很容易针锋相对，一些争端也是在所难免的。当然，这些仅仅涉及业务，两人并没有私仇。两个人争执不下之时，张志东常常会第三个发表意见。张志东属于技术出身，在有些人看来多少有些偏执。但有一点不能否认，张志东认理，一切符合他认知的正确的事，他都会毫不犹疑地遵照执行。也就是说，当曾李青和陈一丹争论的时候，张志东会根据他的认知进行"站队"。许晨晔的性格属于"好好先生",他在小组的争执中起平衡作用,多数时候他站在支持人多的一方,或者选择弃权。最终决策的人是马化腾,他负责整个团队总体决议的"临门一脚",或者在其他成员意见呈现2:2的状况时出来"一票定乾坤"。

如今回首往事,腾讯从创业伊始就决定构造五人小组而不是三人合伙,是一件明智的决定。如果核心成员只有马化腾、张志东和曾李青,那么当三人在决策时遇上分歧的时候,很容易一哄而散。特别是马、张、曾三人的个性分明,这不利于团队的稳定。

QQ业务越来越庞大而细化,2001年后,腾讯做了第二次组织结构调整:变更成了"R线和M线并举,其他职能部门形成支持体系"的结构。其中"R线"指的是研发线,由张志东负责;"M线"指市场线,由曾李青主管。这一举措显然具有深意:凸显了曾李青和张志东各自的专长和特点,同时能在两人之间起到一定的相互制衡作用。

然而,如此起到的制衡作用仍旧是短暂的。最大的问题在于,网络公司的各项业务之间联系紧密,其中哪些属于研发范围内,哪些又该划归于市场,这之间的边界仍然是难以区分的。很多产品并不是在刚刚开发出来之后就立刻有钱入账的,那么对于新产品难以避免的"短期营收"和"长期回报"之间的矛盾,就不像看似那般容易解决了。

可是,有一类项目可谓是"一路绿灯",那就是基于QQ会员业务的增值项目,其中最典型的当属QQ秀。这个项目对张志东和曾李青都是有触及和关联的,这也是为什么这个项目第一轮审议的时候被马化腾"毙掉",而最终还能通过的原因所在——还有另外两位核心领导者在支持。

2006年后,伴随着腾讯内部薪酬体系的调整,腾讯又进行了一次大的组织结构调整,变更成了"四横四纵"的格局。"四横"指的是四个支持体系:一是运营维护支持体系;二是创新研发体系;三是行政职能部门体系;四是员工成长体系。"四纵"是四个产生现金流,而且是和资本市场息息相关的业务单元：一是移动互联网；二是互联网增值业务；三是网络广告；四是互动娱乐。

"四横"支持体系中，运营维护体系和创新研发体系都在联席CTO熊明华的管辖范围内，行政职能部门体系和员工成长体系则属于陈一丹的负责范畴。"四纵"业务单元由提拔上来的业务干部以执行副总裁的身份来分管：吴宵光掌管互联网增值业务，刘成敏掌管移动互联网业务，任宇昕掌管互动娱乐业务，刘胜义掌管网络广告业务。

新的组织结构的调整也会产生副作用：曾李青和许晨晔的职权范围开始变得模糊。后来，曾李青改做比较轻松的顾问，再后来转向投资生意；许晨晔也把负责的重心转向企业内部和后台。在新的业务体系中，陈一丹的权限得到放大，张志东也得到更多对业务的主导权，尤其是对产品端的推动作用上。

2006年以后，在腾讯新的组织结构中，刘炽平的权限也大了许多，他在2007年3月被任命为执行董事。另一位执行董事是张志东。

刘炽平和张志东两人各自的分工是：刘炽平主抓网络广告业务单元，同时管互动娱乐业务单元；张志东主抓互联网增值业务单元，同时管移动互联网业务单元。刘炽平倾向偏成熟的、和腾讯QQ关联不大的业务进行纵深发展；而张志东更多的是负责与腾讯QQ关联较大的两个业务模块。可以说，马化腾对共事的伙伴的了解是相对到位的。

然而，无论腾讯集团的内部出现怎样的变化，马化腾都牢牢掌握着腾讯这只"帝企鹅"的命运。

调整结构，重新出发

马化腾曾经如此介绍公司："2005年至2006年腾讯做的第一次组织架构变革是BU（Business Unit，业务单元）化。当时公司内部在讨论到底要不要多元化。如果公司只有一项业务的话，上面的CEO只关心一件事：就是把所有的业务部门抓住协调推进。但这两年时间里公司多元化布局已经完成，有无线业务、互联网增值业务、游戏、媒体等，这时候CEO已经不可能管好每一项业务，没有精力也没有这个专业度自己管，而且协调成本超级高。

"2005年之前，最早我们是四层架构：渠道部门、业务部门、研发部门和基础架构，CEO管一块，COO管渠道和业务，CTO管研发和智能架构，全部靠上面的最高层统一协调，到2005年时，已经没办法再进行协调。所有的职能部门、研发部门不买产品部门的账，产品部门根本影响不了研发部门，产品做得好，研发部门也不受激励，大家仿佛都不是一家人，我们做的第一次变化就是'事业部制'，把研发、产品全部拿下，由事业部的EVP来负责整个业务，相当于这个业务的CEO了。"

众所周知，2012年是中国互联网的分水岭，手机QQ弹出的消息数第一次超过了网页QQ，大多数用户的主要时间开始花在手机上。而在这个时候，腾讯公司的传统部门就开始着急了：未来在另外一个部门手里，怎么办？腾讯内部的各个部门是有着一定的竞争关系的。

2012年以前，QQ整体业务散落在三个部门：传统的QQ在一块，无线QQ在另外一块，QQ上的增值服务和SNS业务又在另外一部分。三部分扯得一塌糊涂，天天扯不完的协调，开会都是在协调而不是谈业务，而被企业视若生命的用户体验却被忽略了。

于是，2012年腾讯做了重大架构调整，把无线应用部门拆散。这对无线应用系统冲击很大。当年是无线系统为腾讯打江山立下了汗马功劳，并赚了很多钱，到移动互联网起来之后，他们把手机QQ、手机腾讯网这一系列的东西都做了起来，抓住了市场上的机会。但没办法，对外决战在即，内部发展还这样缓慢，公司很可能就会被拖累。

迅速长大的"企鹅"需要寻找新的舞步。腾讯宣布进行公司组织架构调整，从原有的业务系统制（Business Units，BUs）升级为事业群制（Business Groups，BGs），并将现有业务归类为六大事业群。同时成立腾讯电商控股公司（ECC）专注运营电子商务业务。从调整方案可以看出，腾讯将重点布局社交、游戏、网媒、无线、电商和搜索六大业务，强化平台战略。

如果只从表面上看，马化腾致员工的信似乎可以回答这次调整的缘由："我们希望通过这次调整，更好地挖掘腾讯的潜力，拥抱互联网未来的机会，目标包括：强化大社交网络；拥抱全球网游机遇；发力移动互联网；整合网络媒体平台；聚力培育搜索业务；推动电商扬帆远航；并且加强创造新业务能力。同时，我们也聚合技术工程力量，发展核心技术及运营云平台，更好地支撑未来业务的发展。"

然而，无论是挖掘、强化、拥抱还是聚合，都需要面对这样一个问题：一家七年时间人员规模扩张了七倍的公司，该如何实现上述"希望"？

业务架构调整前，腾讯很多BU的规模已经达到2005年整个公司的规模，大公司的内部创新问题再次横亘在"企鹅"面前。"公司看好了哪个方向首先是考虑自己做，"腾讯一位产品经理说，"所以通常是从现有产品线上调配人员，之后再招人。"对于一家有着1000多条产品线的公司来说，这一增速将更加惊人。马化腾并未否认自己的担忧："当团队规模变大后，很容易滋生出一些大企业病。我们需要从'大'变'小'。"

那么，这个庞大的组织准备怎样重新获得小公司的创新活力呢？

事实上，在腾讯内部，产品层面的创新已经越来越多源于自下而上的模式，内部竞争也在一定程度上激发了公司内部的创新活力，提升了产品研发的速度。

可以说眼下在移动互联网上最受瞩目的产品——微信，就是由曾偏安一隅的腾讯广州研发部研发出来的，当时不止一家创业公司在做类似产品，但微信的快速迭代却让原本可以更为灵巧快速的创业公司吃了一惊。

严格说来，微信是一款微创新的产品。它的竞争对手米聊、飞聊、翼聊、沃友、口信、友你、神聊等在内的产品，也包括它自身，都源自一款叫作Kik的软件。Kik是一款基于手机本地通信录的社交软件，可以实现免费短信聊天等功能。

2010年10月，Kik登陆苹果和安卓应用商店，随后，互动科技同年11月7日推出"个信"；12月，小米科技推出"米聊"，后者迅速积累了不少中高端用户。米聊中有来自微软的前员工。据知情人士透露，当初米聊团队就对腾讯何时推出类似产品有过预估。事实是，2010年11月18日，微信正式立项；次年1月21日推出iOS版本，之后几天安卓和塞班版本相继推出。

这一速度比米聊团队的预估要快得多。按照腾讯广州研究院（现调整为广州研发部）总经理、微信总负责人张小龙对外界的说法，当时从邮箱部门抽调了几十个人，分成几个不同的开发组，分别负责功能、UI、后台等工作。张小龙本人则主要扮演产品经理的角色。

微信进一步缩短了腾讯快速迭代的产品周期。仅在2011年，微信一共发布了45个不同终端的版本，平均1.15周发布一个。经过快速的产品迭代，微信先后加入了语音对讲、LBS、摇一摇和漂流瓶等功能，历次更新和产品迭代促进了用户数和活跃度的激增。2012年3月29日凌晨4点，马化腾在微博上难掩激动地发布了一条微博："终于突破1亿！"

提速的动力之一是互联网公司应对外部竞争环境的要求。在腾讯内部有一句话叫"小步快跑"，这句话本用以形容功能迭代，后来也被用到各种微创新积累而成的颠覆性创新上。通常情况下，一个月的开发速度在腾讯内部并不少见，有时候产品即使上线了，依然有一些待解决的漏洞和需要调整的用户界面，主要通过后期的迭代去完善。

移动互联网时代的到来加速了产品更新。"特别是智能手机的普及、安卓系统爆发之后，互联网公司的研发和迭代速度不得不迅速提升。"一位腾讯无线部门的产品经理感慨道，"PC时代那种把用户体验放在第一位的开发观点受到很大挑战，大家首先是拼速度，然后再是各种功能和体验的完善。"

另一个推手则是残酷的内部竞争。

腾讯已经不止一次出现好几个部门同时开发一类产品的情况。为了抢先发布、占领市场，经常某一类产品的两个版本同时出现在应用市场，发布时间相距不过两三天。

2010年4月，有用户发现安卓版手机QQ Build 0094测试版的应用和QQ for Android有很大差异，开始怀疑两款程序不是同一款QQ。实际上这两款分别是由无线部门和即时通信部门研发的。

一家公司内部发布两款同类产品让用户感到十分困惑。一位离职的腾讯员工曾受到朋友的抱怨，她在对此"深恶痛绝"的同时也觉得很没有面子。"作为一家这么大的公司，出现这种事情，会让用户觉得很不严谨，品牌形象也受到了伤害。"她略显沮丧地说。

在这方面，微软也许具有借鉴意义。微软的内部创新也十分支持相互竞争。比尔·盖茨曾经还有一个身份是微软首席架构师。这一工作的主要职责就是评估公司各条产品线，确保不会出现内部冲突及评判新产品线是否符合公司的业务发展需求。

显然腾讯不能照搬微软的做法。微软有些产品的更新周期是一个季度，这个速度相对于互联网公司来说慢了一些，但强化了对产品线的控制力。腾讯公司如何在未来走得更加稳妥，是每个腾讯人需要思考的重要课题。

创新人才培养系统

又是一个普通的周一早晨九点半，深圳科技高新区飞亚达大厦门前，几辆绿色的巴士里走出一群活力满满的年轻人，他们一边兴致勃勃地大声互相问候，一边涌进电梯。

这座大厦中其他人对于他们互相称网名的习惯已经见怪不怪。一听就确定是腾讯的员工，因为只有他们才会用QQ上的昵称互相称呼。

"公司到3000人的时候，能不能达到300人甚至30人的沟通效率和水平？这对我们提出了很高的挑战和要求。"在腾讯公司供职超过5年的人力资源总监奚丹十分清楚公司急速扩张时带来的一切机遇和挑战。

"首先，在招聘时就应该找到适合自己的人，而不是指望招进来后再改造他们。"奚丹认为对"85后"而言，"改造"是个贬义词，"但招进来后，保持畅顺的沟通就变得更重要了。"

沟通可是腾讯的强项。毕竟腾讯是世界互联网界最大的沟通平台提供商，用户和在线人数都堪称是世界奇迹，且年轻化让它一直走在时代前列。

腾讯内部的高效离不开很便捷的电子化沟通平台，腾讯通就是腾讯的企业版即时通信产品。此外，公司内部的BBS也是员工们经常使用的产品。员工们总是会在各个分论坛上抛出各种问题，公司在该领域的专家和负责人会进行答疑。大到如何快速有效地解决用户申诉，小到咖啡厅饮料味道不好，问题都会被及时解决。

"但是这些电子化的先进工具并不能代替面对面的沟通。"在腾讯专门负责员工关系的"丫丫"在这方面体会深刻，"负责处理3000人的关系，任务很艰巨。幸亏，我不是一个人在奋斗。""丫丫"带领着一个7个人的小组，分别从企业文化、身心健康、劳动关系、人事手续、户籍管理等方面协调员工关系。其中，有一名腾讯最年长的"员工"——员工们给她的昵称是

"芬兰阿姨"。阿姨在来腾讯前是一名经验丰富的临床大夫，退休后被聘为腾讯的健康顾问，除了解决员工平时的一些头疼脑热小症状，还承担起心理咨询师的责任。在腾讯办公室的咖啡厅，经常能看到她在和年轻的员工交流谈心。

当然，这些还不够。每两周一次的"总办午餐交流日"，公司员工可自由报名，通过抽签选其中12人和总办成员代表一起吃饭。在腾讯办公室的每层楼里，都设有一个"总办信箱"，接受对越过公司规定的"高压线"的行为的检举和投诉。

"我们特别依靠文化的建设，去弥补目前在管理和执行力上的不足。但是文化的建设光靠制度是没有用的，关键是老板怎样支持。"奚丹感到自己非常幸运，因为以马化腾为首的腾讯高层，对这项工作都非常支持。

有一次，腾讯召开了一次特殊的管理层扩大会议，把总办的领导、员工代表及一些老员工请上台，对腾讯的文化进行了深层次的探讨和阐释。事后，还把这档"腾讯文化版"的内部谈话节目录像并制作成DVD发给员工参考学习。"领导站到台前现身说法，效果比直接的宣传说教要好很多倍。"

每年的4月底，在腾讯办公室里，每层楼都有一群带着新鲜和兴奋感的年轻人涌进来，他们是腾讯公司刚刚从全国最顶尖的高校招收的春季毕业生，在经过10天的封闭式半军事化培训后，正式开始他们梦想的QQ之旅。在腾讯的招聘计划中，应届生的比重几乎占到了新进员工的半数。

"腾讯本身是具备了年轻气质的一家公司，"85后"和"70后""80后"之间没有太多代沟。但是，怎样让"85后"更深刻地理解这家公司的文化和价值观，如何让员工在保持激情的同时，成为胜任的职业人，这是我们面临的挑战。"奚丹掩饰不住他的焦虑，但也很明确自己未来的责任。

他必须在润物细无声中，把这些内容嵌入那群年轻人的内心深处，而不是像大多数传统企业所做的那样，将规章制度张贴在墙上。但是在前台、过道两侧甚至大厦的电梯等公共空间都被公司充分地利用。例如，在电梯里就张贴着一组漫画，提醒员工注意，不要逆向乘坐，出电梯时要向前面的人说"对不起"等细节。漫画的主角正是那只标志性的"小企鹅"。

"85后的年轻人往往都是个性比较张扬的，但往往会忽略他人的感受，他们有时候也会耍一些小聪明，甚至会挑战规章制度，但本意都是善良的。"奚丹谈到公司的"85后"像是在说起自己的弟弟妹妹，"所以要耐心教导"。

为此，腾讯还正式成立了一个跨功能的团队——文化委员会，由马化腾亲自督阵，委员会里也有很多"85后"，其主要任务就是让文化实现规章制度之外的教育。电梯礼仪就是其杰作之一。

除此之外，腾讯公司经常还可见五花八门的"行动"和口号，甚至不仅仅停留在文化的层面，而是渗透到业务运作当中。一位"85后"员工承认自己虽然有时候对一些事情表现得满不在乎，其实内心挺"认"这种斗志昂扬的口号及设计巧妙的海报，"不管公司要传达的内容是号召性质的，还是提醒性质的，在莞尔之间，我们就能体会和接受"。

对此，奚丹解释道："腾讯的员工大部分是年轻人，所以在管理上不能过于政治化，而要通过比较有意思的漫画，帮助他们形成自己的理解。"但他最关心的，还是尽快壮大公司的中层、基层管理者，通过他们来分担大量细节性的工作。

加入腾讯三年的小陈目前是一个业务部门的人力资源经理。像他那样，在加入公司两三年后开始独当一面的员工不在少数。目前腾讯的管理层平均年龄不超过27岁。

为了帮助基层、中层管理者实现角色转换，腾讯开始加速完善内部培养机制。目前，腾讯已经制定了一套人力资源储备体系——"飞龙计划"和"潜龙计划"。前者指的是每年定期培养储备人才，目标锁定部门经理、中层经理，后者则面向更宽的范围。除此以外，腾讯向中层经理提供就读MBA的机会及定期的相关辅导，对基层经理也有相应的培训课程。

此外，腾讯加强了社会招聘，触角甚至伸到了海外。比如，腾讯将把招聘会开到美国硅谷，其中大部分职位的工作地点是在中国。

"但是，目前在很多领域，腾讯走得比较靠前，对人员的要求很高，在国内很难找到合适的人才。"奚丹有些无奈。但不是完全没有办法，发动公司内部员工揽才的"伯乐计划"就是一例。凡推荐的人才被录用，根据其职位重要性不同，"伯乐"可获500~2万元不等的奖励。目前通过这种办法，腾讯吸引到了不少来自微软、谷歌等跨国企业的优秀人才。

让奚丹欣慰的是，更多的年轻人正不断地在朋友、同学的影响下，被吸收到了"小企鹅"的旗帜下。"当我们的人数在1000人以下的时候，最难的是如何尽快找到合适的人。当人数过千的时候，如何在快速增长中保持原有的文化不被冲淡成为最大的挑战。而现在，当文化体系相对稳固了，我开始考虑如何帮助公司创造竞争力，如何让腾讯在5年、10年后仍然保持年轻的创造力。"

优秀人才激励法

2016年11月11日是腾讯成立18周年纪念日。马化腾宣布向7068名员工每人授予300股腾讯股票，总价值约15亿元人民币。另外，腾讯还为在/离职员工、外包人员和服务人员准备了总额约3000万元的现金红包，单个红包在188~1888元不等。

腾讯有过多次股权激励：2008年向184名员工奖励101.605万股新股；2009年奖励1250名员工818.118万股股票，股权激励的员工占全体员工近 $\frac{1}{4}$。2015年7月，腾讯宣布向5839名"非关联人士"赠股23.6亿港元，人均分得32万港元。

　　腾讯员工集中在中段，尤其是T2.3和T3.1程序员，月薪2万元起步。腾讯标准薪资是14薪（14个月工资），但是通常能拿到16~20薪，即32万~40万元年薪。T3.1以上开始另外有股票。

　　每一名入职腾讯的新员工，都能领到一副"福利扑克"，54张牌，每一张代表一种福利，王牌就是传说中的"10亿安居计划"，此外，还有家属开放日、30天全薪病假、15天半薪事假、中医问诊、各种保险、腾讯圣诞晚会、各种节日礼包、各种协会……涵盖了员工工作和生活的各个层面。这些项目在腾讯内部专门的福利网站上，被归类为三大块：财富、健康、生活，分别由不同的小组负责。

　　腾讯总部大厦15层的员工餐厅，有上千平方米，设施完备，能容纳1300人同时进餐，这样的员工餐厅共有三层，每层装修费就在千万元以上。在上下班时间，腾讯的班车一辆接着一辆，在深圳市区，腾讯班车有260条线路，比一个中小城市的公交系统还完善，从早8点半到晚11点，可直达深圳关内的任何一个地方。腾讯员工笑称，班车开到哪里，房子就买到哪里。

　　腾讯大厦刚建好，要采购一批椅子，马化腾要求行政部和采购人员挑几款让他试坐，最后定了最贵的一款，价值1000多元，当时腾讯已经1万多人，这可是笔不小的投资。马化腾是程序员出身，他觉得让员工坐舒服非常重要。每年年底，马化腾担心治安问题，亲自写邮件要求加强安保。

　　腾讯财报显示，截至2015年6月30日，腾讯有28072名员工，除了退休金和内部培训课程外，员工可以根据个人表现评核而酌情获得花红、奖励股份及购股权。

　　2015年的前6个月，腾讯的总酬金成本为86.02亿元人民币，也就是说腾讯月人均的酬金成本为5.1万元，这比2014年同期的4.7万元上涨了8.5%。

　　再结合腾讯之前的各种福利，可以说腾讯在稳定人心方面做得相当到位。

　　2015年7月，腾讯控股发布公告，称向腾讯"受限制股份奖励计划"内的

6650名人士授出 21.76亿股新股。按当时的交易价，上述新股总市值折合人民币 26.1 亿元，人均 39.26 万元。

腾讯的年终奖也很可观。据说，一般部门也有1~5个月的工资，而互娱和微信的某些部门根据业绩甚至能拿十几个月甚至几十个月的工资。

2015年4月，腾讯公司开始实施一项房事新政，提高员工购买首套房的安居借款额度，一线城市员工最高可以申请到50万元的无息借款。其实，早在2011年6月27日，腾讯就宣布正式启动"安居计划"，将在3年内投入10亿元为符合条件的员工提供首套购房首付款的免息借款。员工只需出具购房合同，并提交由央行出具的个人信用查询报告，并不需要其他实物担保。房事新政在原有政策上做了升级：北京、上海、广州、深圳等一线城市，免息借款额度由30万元提升至50万元；除上述四城市外的二线城市，由原来的20万元增加到25万元。

值得一提的是，腾讯是有淘汰制考核的。一般一年有年中和年末两次考核，实行末尾淘汰制，0~10%的优秀率，必须有5%的人转组或者被解聘，这也从侧面反映出市场竞争之激烈。

升级也跟考核结果很有关系。员工要升一个小等级，就必须在最近两次考核中得过一次A类考核结果。升T3.1是内部晋升的第一道槛，要求架构在领域内优秀，被追问攻击时能无漏洞应答出来，据传只有30%的通过率。同时，腾讯公司的一大优点是，底层普通员工如果技术真的不错，照样升级，和是不是团队领导者关系不大。领导者的带队价值在T3.3时才显现出来。

这就为读者朋友们寻找"靠谱"老板提供了借鉴。

处于"挣钱"这个阶段的老板非常好辨别，这个阶段的公司基本上都是刚刚开始创业。如果求职者想在短期内赚到尽量多的钱，就最好不要去这样的公司，因为这一时期的公司领导人对钱看得比较重，恨不得把钱掰开两半来用。这个习惯形成后的最大坏处是，他不仅对自己吝啬，对于其员工也吝啬。

这个阶段挣钱真的是很难，省下的就是挣的。所以，这时企业的员工大部分是领导者的亲戚、朋友和有梦想有目标的人。例如，当年马云和他的"十八罗汉"，每人每月只拿500元。

但是，如果求职者的梦想是将来成为股东，成为公司核心团队的成员之一，就必须要到这样的公司先忍受一段艰难的岁月。任何伟大的公司都有最弱小的时候，只有在最弱小的时候进入公司才有机会学到更多。

当公司完成了原始资本积累，进入正常的发展轨道，公司的商业模式也已经非常清晰，接下来的工作就是不断复制再复制。

通常情况下，大部分人都会进入这样的公司，但是进入到和钱发生关系的第二阶段"来钱"的时候，如果老板对钱的认识还停留第一个阶段，就非常危险了。

勇于承担社会责任的腾讯

2016年4月，马化腾宣布自己将捐出1亿股腾讯股票注入当时正在筹建的个人公益慈善基金，支持国内医疗、教育、环保等公益慈善项目及全球前沿科技和基础学科的探索。令人关注的是，马化腾的捐赠都是他的"私房钱"，他的这次慈善捐款，也创造了中国企业家单笔捐款新纪录。

"像经营企业一样做慈善"的小马哥，对慈善的态度可是毫不含糊，捐款的时候称得上是一掷千金。

2007年，腾讯公益慈善基金会成立，原始基金2000万元人民币，由腾讯公司捐赠。

2011年，马化腾向腾讯公益基金会捐款1.088亿元人民币。

2012年，马化腾全年现金捐赠1.4106亿元人民币。

2015年，腾讯基金打造"99公益日"，引领全民慈善。

北京师范大学中国公益研究院自2011年起，每年发布"中国捐赠百杰榜"。2016年4月，在对六年来的榜单资料进行梳理后，该机构发布了《中国亿元捐赠与战略慈善发展报告》。报告中有一个惊人的数据：172.35亿元人民币。这是六年来合计最高的捐赠记录，来自腾讯董事会主席兼CEO马化腾。2016年，马化腾承诺捐赠1亿股腾讯股票注入正在筹建中的个人公益慈善基金，加上其2014年向腾讯公益慈善基金会捐赠的2.5亿元，总额位居榜首。

马化腾多年来痴迷于慈善事业，根本停不下来。他是中国爱佑慈善基金会副理事长、壹基金理事、大自然保护协会中国理事、桃花源生态保护基金会联席主席。他将每年数以亿计的捐款用于教育、医疗等各项公益事业。2007年，马化腾发起的腾讯公益基金是中国第一家互联网企业的公益基金会，目前已经是最有影响力的互联网公益平台之一。

作为"互联网+"的最早倡导者之一，马化腾的公益慈善做得特别用心。

"99公益日"，是腾讯公司专门打造的全民公益日。此举的目的是利用腾讯平台优势，链接国内外主流公益组织、知名企业、名人与数以亿计的用户。通过移动支付与社交互动，掀起"人人公益"的热潮，从而以"互联网+"的力量真正推动中国公益行业的长远发展。

2016年9月，马化腾在香港参加一个国际慈善论坛时透露："从2007年开始，腾讯每年都会捐献年净利润的1%~2%来做慈善。"并补充说未来也会保持这一比例。

马化腾表示，腾讯把做互联网产品的经验用到了公益领域，搭建一个能够发挥真正作用的平台，收到了很好的效果。"我们希望的不仅仅是出钱，更关键的是发挥我们在平台上的影响力，"马化腾说，"我们这个平台能够解决透明度的问题，能够千人千面，每个人选择他最感兴趣的，可能就在他身边或者最熟悉这一类别的公益项目进行捐助，而且可以不仅一次性捐款，可以每个月捐赠。这也是我们把做互联网产品的经验借鉴到公益慈善捐款方面的行动，效果非常好。"

在谈到如何把新技术运用于公益时，马化腾以"腾讯公益平台"为例，说："现在90%的捐助是通过手机完成的，其中80%来自社交化捐助，比如有个灾难，我认领一个捐助，我发给我朋友，让我朋友一起捐。"

马化腾还提到，腾讯关注很多技术上的小创新如何应用于公益。"比如说我们在微信里面有一个微信运动功能，你每天走的步数超过1万步后就可以捐出去，会有赞助商支持你，比如1万步捐一两块钱，捐到你想要捐的项目。"马化腾说，自己在参加论坛的前一天就走了3.66万步，通过"微信运动"捐了3元钱出去。

捐声音是另一项科技小创新。通过微信里的一个功能，任何人都可以录音，为盲人录制一本有声读物。

马化腾还透露，微信正在探索一种应急功能，"比如说突然间有人心脏病发作，我怎么能够找到最近的心脏的AED这个设备，或者有急救能力的人、志愿者在哪里，用新技术一按，他就可以收到call，他知道你在哪里，就可以过来帮助。很多急救往往生死就在几分钟之内，这个新技术对未来很有帮助。这个项目我们还在策划，因为这里面还要解决很多问题，比如滥用问题、骚扰等，还是很复杂的，我只是跟大家分享新科技有很多用途。"

马化腾也表示，中国的慈善公益才刚起步，而国外至少有百年的历史了，积累了很多经验，中国还需要有一个学习的过程，这其中就涉及人才的紧缺。

"在中国公益慈善人才实在太缺了，特别是懂得这些过程、来龙去脉的人才更难找，也非常稀缺。之前我们也有几个项目，刚才说的几个基金会，它也有项目定向培养人才，但它是因为在国内拿大家捐的钱去培养人才，还有点难被（公众）接受。所以我们通常是定向的，企业家来定向出钱（培养人才），大家容易接受一点。公众的钱还是具体尽量用在项目上。"马化腾不无感慨地说，"公益慈善是复杂的，要向西方深入学习。"

马化腾也给想做慈善的企业和机构提了一些建议，例如他建议企业在内部设立一个社会责任部，另外搞一个基金会，企业部门来承担高级人才的成本，"但是也考虑到条件不成熟，因为国情的环境，不能一下子放得太开，怕被滥用等，我们也理解，一步一步来做"。

他总结道："从我的角度看，公益慈善是非常综合的问题，其实是一个社会财富和资源再分配的过程，这个过程牵扯到社会、政府、企业、个人等多个方面，也涉及理念、人才及政策等方面，需要我们全社会各个方面一起共同努力。"

在国内的慈善事业上，的确需要更多腾讯这种能结合自身技术优势，承担社会责任，热心公益的模范企业。

第十一章　一场电子商务的角逐

C2C 为腾讯打开新世界的大门

2005年6月，腾讯宣布将推出一个C2C电子商务平台。腾讯的电子商务平台不会跟易趣、淘宝等硬拼，投入并不庞大，主要是服务于QQ即时通信平台的用户，以增加他们的黏度。

这些话绝非轻描淡写。腾讯甚至以此制订了"十年计划"。腾讯盈利的基础就是即时通信平台，活跃的用户有几亿人。以这个中心为"花蕊"，周围的各类业务为"花瓣"，包括电子商务、休闲游戏、腾讯门户、网游世界及增值服务等。

与此同时，国内即时通信市场的竞争颇为激烈，前有新浪、网易、雅虎中国等纷纷参与，后有微软、金山、盛大公司等前来分一杯羹。在这一领域的竞争虽然激烈，马化腾却对此局面有新的解读。

"打个比方，盛大做的只是'对讲机'，而腾讯做的是'手机'。"马化腾认为，盛大圈圈等"只是服务于某个特定社区范围，无力扩张到外部领域，成为一个全局化的联络工具，所以对腾讯威胁不大"。

谈到老牌的"手机型"即时通信工具MSN，它的用户群与腾讯有着明显的差异。

腾讯公司数据显示，九成以上的QQ用户不足40岁，其中一半以上为18岁至26岁年龄层，使用QQ的目的是娱乐层面居多，如聊天、交友。而MSN的用户多是22岁以上的白领，使用MSN的目的主要是较正式的工作沟通。

马化腾还敏锐地指出："从产品线来讲，腾讯最大的竞争对手是新浪，而游戏则是盛大。"为了有效制约新浪和盛大的联盟，腾讯突袭入盛大集团的"大本营"，推出了自主研发的大型网游《QQ幻想》，腾讯的野心是在国内游戏领域冲到前三名的位置。当然，如今在网游领域，腾讯可以说是当之无愧的"一哥"了。

QQ作为"中国第一大休闲游戏平台"，自然是获利颇丰。2005年第一季度，腾讯在互联网的增值收入首次超过移动QQ。

除此之外，马化腾从来没有放弃门户网站"QQ.com"。根据国内一家权威网站的调查，QQ.com已经成为国内访问量最大的门户网站之一。

在商业模式上，马化腾并不认同盛大集团依靠收购来急速扩张的模式。马化腾曾谈道："从经营风格来说，我与丁磊最为惺惺相惜，"他补充说，"腾讯未来发展战略是立足自主研发，稳步推进。"

QQ开始进军C2C，一开始多少有些出人预料，但以腾讯多领域发展的风格看来，这就是腾讯一贯的模式。除了经营门户网站，腾讯一直寄希望于围绕QQ大做文章，所以在C2C领域的探求是必然的。当其他对手都在推出即时通信软件，试图以此有所斩获的时候，腾讯始终求新求变，寻求如何利用即时通信这一工具，整合并凝聚本身优势且发扬光大。

而国内的C2C市场早已风生水起，易趣、淘宝、一拍等都难逃白热化竞争，可以说这时候进入这个市场是要面临诸多考验的。因此难免有人对腾讯的决策表示怀疑：腾讯在这方面有什么优势呢？正如前面所说的腾讯不会跟易趣、淘宝等对手硬拼，它只是服务于QQ即时通信平台的用户，以增加他们的黏性。这就透露出腾讯进入C2C市场的根本目的，利用好QQ用户这个资源，将是腾讯不断壮大的基石。

马化腾明确表示，腾讯最大的竞争对手是新浪和盛大。按照这个说法，腾讯的目标是要借QQ用户群来支撑起其门户网，而C2C只是其中很小的一部分，腾讯想战胜主要对手还任重道远。

一直以来，腾讯渴望自身拥有的强大用户群能够被充分利用，给公司带来实实在在的利润。所以，该怎样增加用户的黏性，并且成功转化成经济效益，也一直是腾讯思考的问题。时至今日，腾讯围绕QQ用户的业务不断延伸，目的也始终如一：让用户带来真正的经济价值。

马化腾说："因为腾讯自身有平台，做电子商务应该是"四两拨千斤"的道理，所以尽管我们有充足的资金储备，但还是会聪明地花钱，在投入上也是这个原则。"其实，腾讯也的确是在"聪明地花钱"，毕竟作为C2C领域的"龙头"，易趣和淘宝的实力是无法否认的，而且它们一步步走到如今的地位也不是朝夕之功。此时腾讯跳入这个市场，围绕着QQ用户来"取巧"，实在是聪明之举。

以腾讯敏锐的嗅觉，当然感觉到了压力，更何况腾讯对门户这片"沃土"也觊觎已久。所以腾讯只要能更好地发挥自己庞大用户群的优势，就能帮助其把相对的优势转化为绝对的胜势。作为大型企业，如何腾挪自如，也是马化腾苦苦思索的问题。腾讯今天正积极地进军各路市场，就是为了同一个目的。将来的腾讯，在一定范围内构筑优势，也可以最大限度地节约成本，而且极易取得较好效果。

腾讯顺应时代的潮流高歌猛进。2005年9月，腾讯旗下的C2C电子商务平台——拍拍网（www.paipai.com）正式上线，在北京举办了一场主题叫作"生活创造需求，沟通达成交易"的发布会，同时参与发布的还有第三方支付平台"财付通"。

在北京发布会上，担任腾讯公司首席战略投资官，负责公司战略、投资、并购和投资者关系的刘炽平，用饱含激情和希望的声音，以著名的"4C理论"完美诠释了腾讯对拍拍网倾注的心血和期待。

"第一个C是庞大的用户基数（Customer）。腾讯的活跃用户数量庞大，对卖家来说这个是最好的资源。第二个C是强有力的沟通手段（Communication）。QQ是国内最大的即时通信平台，在交易的过程中能扮演重要的角色，让买卖双方的沟通更畅顺，交易效率更高，也有助交易双方建立信任。第三个C是强大的社区服务（Community）。作为一个网络社区，QQ已经汇聚了很多志同道合的关系链，这里包括购物群和各种兴趣群体。在这个网络社区中，买卖双方可以有针对性地互动，建立紧密的关系，在很大程度上可以解决网上交易在诚信方面的问题。依托社区优势，不仅可以促成交易，更可以促成买卖双方之间关系链的形成，使社区更有黏性，形成良性的循环。第四个C是腾讯网QQ.com的丰富资讯内容（Content）。成交是一个积累的过程，很难一步到位，根据中国互联网络信息中心的报告，有47%的C2C网民上网的目的是寻找资讯。腾讯有QQ.com的门户资讯优势，希望让消费者达到'虽然未必买，但也可以在腾讯的电子商务社区里，阅览大量有关购物的评论与资讯'。"

刘炽平的"4C理论"构成了腾讯对于C2C的全新诠释，那就是Communicate to Commerce，即沟通达成交易。这个意义上的C2C不仅包括了商品交易，而且根据用户的需求，涵盖了社区、资讯、沟通。对于C2C的发展来说，腾讯不同服务的协同和整合将会创新出很多的应用模式，更好地满足用户需求，让电子商务进入寻常百姓家，不断增强用户在线交易的体验，做中国电子商务的创新者和普及者。

拍拍网，拓展电商疆土的尝试

凭借腾讯QQ将近两亿活跃用户的支持，拍拍网一正式发布，一夜之间便拥有了900万注册用户。拍拍网刚一出世就取得如此佳绩，更加激励了马化腾和马云一决高下的信心。此前腾讯团队经过多方调查，95%的网购者希望与卖家多聊一聊商品，而这个沟通的渴望刚好就是腾讯所擅长的"传家宝"。基于这样的考虑，腾讯甚至还为自己的用户打造了"边聊边买"的功能。

根据权威数据显示，当时国内的C2C市场龙头网站占据了逾七成的市场份额，这对后来者而言是个不小的打击，因为分一杯羹的机会已经很少了。可是腾讯没有这么想，腾讯相信这个行业有许多尚待挖掘的用户价值，前途是光明的。

腾讯的自信不是毫无根据，此时腾讯在行业内已经成为"企鹅凶猛"，强势击败了无数竞争对手，也创造了许多"奇迹"，从搜索引擎到网页游戏，从输入法到下载工具，无不显示着腾讯背后的那位CEO儒雅的外表下凌厉的进攻气势。而在电子商务领域，腾讯也跃跃欲试，准备和淘宝一争高下，毕竟腾讯有着几亿的QQ用户，跟淘宝较量有一定的底气。

从技术角度来说，拍拍网的平台构架是很先进的。以拍拍网2.0为例，QQ客户端对拍拍网的整合程度之高使其几乎可以不受浏览器的束缚：商品介绍直接链接到QQ好友的头像信息，如果用户对一件商品感兴趣，只要单击鼠标就能进入好友的网店，之后通过QQ和好友具体讨论购买事宜，等到交易完成，买家对卖家进行信用评定，这些都能反映到卖家的"用户资料"上，卖家也可以把买家列为VIP客户，以后交易时为其提供打折优惠等服务。

更使同行紧张不已的是，自从拍拍上线，相当一部分来自易趣、淘宝的业务精英纷纷向拍拍转移，当时腾讯电子商务事业部的员工有80多人，甚至还有继续壮大的趋势。

面对腾讯在市场上咄咄逼人的状态，淘宝也感到不小的压力。虽然C2C市场一直是激烈竞争的状态，然而各方面仍然在争夺地盘，没有谁能从这块业务领域中获得大笔的利润，反而是在不断烧钱。在这样的关键时刻，拍拍网的介入让众多电商的生存状况更加不容乐观。

2006年5月10日，在跟易趣的对抗中占据优势的淘宝试图向卖家收费，推出了一项"竞价排名"服务——"招财进宝"。"招财进宝"指的是那些符合淘宝的商品发布规范，并成功参与竞价排名服务的"宝贝"（商品），将获得在淘宝网站显眼位置展示的权利，跟其余普通的商品在网页上用一条横线分割开来。这一举措出现在淘宝网承诺了"三年免费"服务之后，如此有偿的增值服务自然被卖家谴责为"变相收费"。

出乎淘宝预料的是，这次推出的"招财进宝"不仅没有带来"宝"，反而引得麻烦缠身。"招财进宝"一出台，卖家便愤怒了。他们一致声讨，如此集合了百度竞价排名式的服务，会让没有参与"招财进宝"项目的普通卖家的商品被挤到几百个商品之后，严重时成交率甚至会是零。

面对卖家的愤怒，当时担任淘宝总经理的孙彤宇解释道："淘宝所推出的'招财进宝'是一种全新的C2C模式，用户在使用一段时间后，一定会了解其中的好处。"他紧接着以一大堆数据证明"招财进宝"项目总体来说是被商家接受且欢迎的。孙彤宇还补充说，"招财进宝"项目上线20余日后，就获得了10万余卖家的积极响应。

然而，对淘宝网上的卖家来说，冠冕堂皇的话都毫无意义。没有参与竞价的卖家集体"爆料"："招财进宝"实行后短短十几天，他们的成交数量一落千丈，如果坚持不参与"招财进宝"，生意根本无法维持。一石激起千层浪，众多淘宝卖家怨声载道，谴责淘宝的行为。网上甚至还流行着一些店家编唱的《反招财进宝歌》，足见那时的淘宝多么不得人心。

这件事影响之大是淘宝始料未及的。2006年5月30日，网上抗议"招财进宝"服务的签名店主数量已达到39326名，这些签名店主表示如果淘宝仍然不予回应，他们将从6月1日开始集体罢市，将店铺里的商品全部下架，同时提走支付宝中的一切资金。这一行为不仅引来卖家的不满，买家对淘宝的做法也是深恶痛绝，因为"羊毛出在羊身上"。

此时对于腾讯而言是个绝佳的机会。如果说刚开始拍拍网在淘宝面前还只是个"名不见经传"的"小弟弟"，现在淘宝陷入"招财进宝"事件不得脱身，腾讯终于有机会开始行动了。腾讯也很清楚，淘宝网的"招财进宝"项目不仅给信任它的卖家造成了伤害，买家的消费欲望也受到了不小的打击。腾讯当机立断，决定趁此良机"横插一手"，将自己的拍拍网迅速推广开来。

很短的时间内，拍拍网便推出名为"蚂蚁搬家"的活动，广告词是当时耳熟能详的"大雨来袭，蚂蚁搬家"——这条广告显然是有所指的，淘宝当时的吉祥物就是"蚂蚁"（如今换成了"淘公仔"）。广告的目的不言自明，腾讯试图以免费为诱饵，吸引淘宝的卖家转投拍拍网。更奇特的营销手段是，拍拍网竟然在其首页的显著位置设立了"淘宝店主搬家签到处"，并声称"将免费进行到底"。为了最大范围地实现推广，拍拍网此次"蚂蚁搬家"几乎全部通过QQ平台来进行宣传，甚至做出了"其他C2C平台搬迁过来的卖家直接将第三方平台的信用度导入拍拍网"的承诺，并向商家们保证说"搬家就送推荐位，开张就送大红包"，这可以看作对淘宝的公开宣战。

拍拍网此举对于卖家而言，转投拍拍网无疑是一个最好的选择。尤其是拍拍网推出了免费的"黄金推荐位"助力卖家开店，和淘宝的"招财进宝"相比，无疑是"贴心"之举。"蚂蚁搬家"一经推出，拍拍网一夜间人气飙升，赢得了以中小卖家为主体的商户的强烈支持，卖家纷纷把他们的店铺从淘宝转移到了拍拍网。有卖家这样解释道："在网上开店本来就是一种新的尝试，为了赢得更多顾客基本都是薄利多销，所以我们只有选择免费的平台开店，才会获得更多的利润。"

为了吸引更多商户投入拍拍网的"怀抱"，拍拍网还推出了面向参与者进行特别奖励的政策："由第三方交易网站的信用度转移到拍拍的卖家，只要使用财付通完成第一笔交易就能得到3元的购物券。"买家同样有福利可得，5元购物券的优惠可收入囊中，而且购物排名靠前的买家甚至能够获得价值600元的"购物狂奖励"。

国内的C2C市场里，免费具有赚足眼球的效果，也几乎是一切互联网企业切入市场的第一武器。然而，免费不可能无限期地进行，用户基数太庞大，网站不可能持续砸钱。因此，众多的电子商务网站都忙着在网上进行淘金行动，憧憬有一天一夜暴富。可是，在国内电子商务仅有的8年历史里，类似的案例总是此起彼伏。当初易趣试着收费，正碰上扛着"免费"大旗的淘宝网，于是卖家舍易趣而奔向淘宝，免费之风盛行；当淘宝尝试用收费来建立体系的时候，拍拍网又用免费来争夺客户，这使淘宝的"招财进宝"行动在诞生之日起就伴随着各种艰难险阻。

而腾讯的拍拍网坚持免费，也是顺应了中国电子商务发展潮流的结果，这种面对商户低门槛的条件，从客观上带动了C2C的普及和发展，更给淘宝这个强劲的竞争对手以重创。

"变相收费"的轩然大波，以淘宝不得不让步而告终。在淘宝和商户拉锯期间，究竟有多少商户真的从淘宝出走拍拍，没有确切的统计数据，然而淘宝在此次事件中受到重创是毋庸置疑的，拍拍也及时地抓住了这个千载难逢的机会，给网络用户留下了深刻的印象。

总体看来，淘宝在这次事件中完全处于被动和下风。挖掘其原因，是淘宝过于盲目和自信。最初深得人心的免费政策，却半路改变主意要收费，用户在心理上自然无法接受，这是淘宝方没有做好市场调查的结果。如果淘宝方面在推出"竞价排名"时，能及早对市场的发展动向和用户的心理有一个准确的判断，也就不会让自己陷于如此被动的局面了。

由此次事件，读者朋友也可获得一点启发。企业逐渐发展壮大之后，难免会被表面的"繁荣"所蒙蔽，由于错误的自我评估而做出错误举措。这时，企业要做的就是冷静地思考、细致地调查、精确地判断，如果对市场缺乏了解，千万不可盲目地做出大调整。

"二马"相争

马化腾特意选择2006年6月6日这个国人听上去很吉利的日子，正式对外宣布：拍拍网用户可以免费使用三年。马化腾的这一步棋是经过深思熟虑的，他在形势大好的情况下并不想超过阿里的"三年免费"政策，因为三年时间对实力雄厚的腾讯来说依然是一笔不小的资金投入。而免费政策对很多用户而言已经不是新鲜的招数了，所以拍拍网同步跟进了其他优惠政策：从2006年6月6日起的一个月内，凡是铺货达到五十款以上的店铺将得到拍拍网颁发的"限量免费金牌"标志，能比其他卖家享受更多优待，还可以得到拍拍网免费"黄金推荐位"。

在网络购物中，推荐位对卖家来说至关重要。随着C2C的发展，网上的店铺可谓林林总总，商家想要让自己的产品短时间内聚集更多眼球，占据一个好的橱窗位置是必需的。马化腾打出"免费"牌之后的"推荐位"牌，无疑让拍拍网吸引了更多商户的目光和更多的关注。

商户们都很清楚，网络销售的商业模式原本就是薄利多销，因为选择在网上买东西的大多都是收入水平有限的年轻人，商品价格高了，人家就去实体店买了。基于以上原因，卖家都很看重C2C这个平台可否最大限度地降低成本及前途是否光明，另外也要观察一个网上交易平台是否可以获得买家足够的关注度。所以当马化腾打出了"免费"和"推荐"这一副好牌的时候，立即让拍拍网成为不少新卖家心目中的不二之选。

据一家权威机构发布的有关中国C2C市场的监测报告，在2006年第二季度，国内的C2C市场的整体规模达到了57.1亿元人民币，而且发展趋势很好。排在榜单前列的是淘宝、eBay和拍拍，从市场的总体占有率来看，淘宝依然占据"一哥"的地位。

2005—2006年是拍拍网飞速发展的一年。仿佛一夜之间，拍拍网的注册用户就突破了两百万大关，而拍拍网上待售的"宝贝"们的数量超过了450万种。有着强大后台的拍拍网迅速挤进电子商务领域，成为C2C领域的市场新贵。

拍拍网在市场上强劲的表现以及它在阿里"招财进宝"事件中的奇招频频，自然引起了马云的不悦。商界总是是非之地，一条"小道消息"在网上悄然传播：之前沸沸扬扬的淘宝卖家的联名抗议，实则是拍拍网所下的一着棋。

事情的激化是在2006年5月30日，北京千橡互联科技发展有限公司的网站页面上，忽然出现了一篇文章《原来骂淘宝的声音是腾讯这样策划出来的》，该文匿名发布，也查找不出原作者。文章的大体内容是，作者声称腾讯公司私下与一家称为"德盛嘉"的公关公司签署了"腾讯网络论坛公关代理协议"，并且委托德盛嘉公司派枪手和水军对"招财进宝"口诛笔伐。祸不单行，此网站不久后又出现了一篇文章《调查：你相信马化腾雇佣"网络打手"攻击淘宝吗》，言辞也颇为敏感。两篇文章都被置顶，出现在了该网站的明显位置，网友也纷至沓来，争相发表评论，一时间引起轰动。这种手段令腾讯方十分不满，他们向千橡公司发出了律师函，要求千橡立即把两篇文章删除。没想到，千橡在收到律师函之后，仅仅把这两篇文章的置顶给取消了，并没有将其彻底删除。同年6月，千橡网站页面上又出现了一篇更加极端的文章，名为《历数腾讯十宗罪，五马分尸马化腾》。

该文章充斥着对当事人人格尊严的攻击和谩骂，已经不能以简单的新闻爆料去定义了。无怪乎马化腾看到后勃然大怒，一纸诉状以"侵犯名誉权"将千橡告上了法庭，要求千橡道歉并赔偿人民币500万元。拍拍网和淘宝网之间战斗的大幕徐徐拉开。

"二马"之争在6月21日进入高潮。马云公开谴责腾讯公司："我自己认为挖人很累，互联网同行竞争应该遵守一定的游戏规则，光靠挖人很难做到创新。而现在腾讯拍拍网最大的问题就是没有创新，所有的东西都是抄来的。"而马化腾也一改往日低调作风，毫不相让："一来这种人才流动很正常；二来从淘宝网过来的人一共也才两三个，谈不上挖墙脚。"另外，马化腾也否定马云指出的"抄袭门"："所有的电子商务都是这样做的，大家的模式都一样，谈不上谁抄袭谁。"

互联网界的口水大战此起彼伏，旁观者看久了已经见怪不怪，当事者也见怪不怪。"二马"之争并不会给整个电子商务的发展带来什么恶劣效应，反而能促进电子商务的优胜劣汰。

两位大佬的剑拔弩张，使得气氛一时间显得凝重起来。挖掘两家企业口水战的背后，比较两者的主攻方向，淘宝网属于"一般规则的缔造者"，而拍拍网属于"一般规则的遵循者"。如果淘宝网将自己的"一般规则"申请了专利，那么马化腾所做自然是不可辩驳的"侵权"。然而互联网的飞速发展日新月异，无论何种模式，必定不受任何人、任何企业所束缚，因此两家企业的抗衡实则是实力说话。

2006年底，腾讯网又将淘宝网告上法庭。这次状告是因为腾讯发现淘宝网站出售的"宝贝"有大量QQ号和Q币，且价格相当低廉。腾讯方的观点是，淘宝并未与自己达成合作，甚至没有商量，便在C2C平台上交易QQ号码和Q币，这侵害了腾讯的权益。

腾讯在状告之前，已经多次正式提醒淘宝，然而淘宝依然故我，于是忍无可忍的腾讯才决定拿起法律的武器捍卫权益。此次腾讯状告淘宝的导火索是在淘宝开店的一个卖家。

此卖家在淘宝上开店后，便在自己的小店中兜售Q币和QQ号。腾讯方面发现后，便与淘宝网交涉，希望淘宝能够劝阻那个商家的行为，或者干脆关闭那家淘宝店，但是淘宝对腾讯的提醒置之不理。

腾讯见淘宝方毫无动静，索性将淘宝告上了法庭，称淘宝"侵犯了其财产权和著作权"，要求淘宝将出售腾讯相关产品的卖家页面永久删除。

而淘宝方面出手也很快，在腾讯状告它之前已经把腾讯先告了，希望法院确认淘宝此举是合法的。淘宝的理由是，卖家进行Q币和QQ号的买卖，这是商家的市场行为，和淘宝网本身没有关系，因此并不代表淘宝正在使用不正当的竞争手段来抢腾讯的生意。换言之，淘宝的任务仅是给商家提供交易平台，而商家在卖什么东西和淘宝关系不大。

腾讯见淘宝根本没有解决事情的诚意，表现出了"无所谓式"的不负责任的态度，于是紧接着表示，如果淘宝方面的说法成立，各种交易平台上将会呈现各种无序的现象。而且很可能会出现一些不法分子趁此机会开始非法交易，如盗取游戏账号、游戏道具等，将严重干扰交易市场。腾讯认为淘宝的放任自流极大地损害了腾讯利益。

在腾讯与淘宝官司进行得如火如荼之时，深圳市警方成功打掉了一个盗取QQ号、Q币和游戏账号的犯罪团伙，经过审讯，犯罪分子称他们正是通过淘宝网"销赃"，获得高额的非法利润。腾讯得知这样的消息不由得"窃笑"，因为事实胜于雄辩，这种紧要关头出现此事是对淘宝无声的"打击"。

然而，腾讯似乎高兴得早了些。一些律师为淘宝辩称，针对"虚拟财产交易"，国内目前还没有具体的明文规定。既然法律上并没有相关的法律法规，因此腾讯状告淘宝会陷入"无法可依"的境地。

最后，这场官司颇有"不了了之"的意味。从某种意义上来说，淘宝算是将一所"房子"租出去了，难道能够因为这家住户房间收拾得不干净就将其驱逐出去吗？显然并不现实。

再者，淘宝也不可能做到"过滤"。按照腾讯的起诉，淘宝应该设立一个"过滤"环节，对即将上线的商家进行检查，检测他们的产品是不是符合各种有形无形的规则。但如果这么做，淘宝所要付出的精力和费用会得不偿失，此外，也不符合互联网快速、包容等特点，无论如何对淘宝是不划算的。

腾讯的担忧不无道理，网上交易平台越大，就越容易陷入"被动"的局面。不可能所有人都"遵纪守法"，遵循"游戏规则"。和真正的市场一样，网络交易平台上充斥着"各色人群"，他们会根据自己的利益，什么赚钱就做什么，丝毫不考虑交易平台提供者的立场。换言之，腾讯对此的看法多是从整个市场的角度出发的，维护的是"大利益"。

烽烟再起：与 SNS 的博弈战

互联网行业中每一领域的王者，如搜索、门户网、在线商城等做到极致者，进入其他领域并不是十分困难。

2006年，"Web 2.0时代"的概念走进千家万户，更多互联网企业开始注意到SNS这片沃土，它与网民间的互动性为大家带来了惊喜。美国鼎鼎大名的SNS社交网站Facebook横空出世，给中国的互联网企业带来了希望和方向。淘宝也看到这块市场的极大潜力，开始低调而积极地开展各方面的准备事宜。

能涉足这一领域，不仅淘宝能够获益，阿里巴巴也会在"互动中"嗅出市场讯息，以便于朝着更高的层级迈进。正因如此，淘宝积极吸纳各路SNS的人才，以备不时之需。曾一手打造百度贴吧的俞军来到淘宝，便是淘宝大举进入SNS领域的信号之一。

2009年4月1日，淘宝低调上线了一款用于淘宝用户人际交往的工具——"淘江湖"。关于此前透露的风声，2009年3月，淘宝就在内部发布了一封邮件，招聘淘宝SNS产品研发和运营人员。

而这位新来的、被称为百度产品灵魂人物的俞军，曾任百度首席产品构架师，在互联网社区产品上经验十足。离开百度后，一度有传闻说俞军将退隐，不再出现于互联网江湖。然而，当淘宝打造"淘江湖"之时，俞军再度出山。淘宝、"淘江湖"等系列社区产品的研发、运营由他全面负责。

原本作为淘宝用户人际交往工具的"淘江湖"，并不能够算是SNS产品。原本用于人际交往的"淘江湖"，为了"必要的多元化"，被淘宝变脸到购物层面了。如此一来，淘宝进入SNS领域称得上顺理成章了。

如果阿里巴巴能在电子商务和SNS社区之间搭建桥梁，那么阿里巴巴将一呼百应。马云想要达到的就是这样的效果，也是阿里巴巴的奋斗目标。不过，想让电子商务与SNS融会贯通并不容易，"淘江湖"在与电子商务深度融合上也一度处于尴尬之境，导致淘宝对"淘江湖"的投入和回报并不成正比。恰逢此时，淘宝请到了俞军，马云希望他改变阿里巴巴打造的电子商务生态链仅仅停留在口号上的不明朗现状。

淘宝的一举一动牵动了整个中国SNS领域内淘金者的心，更是让马化腾不得不关注这个强大的竞争对手。就像当年互联网初到中国大地上一样，率先凭借一腔热血而成立的SNS网站基本上都为了生存而苟延残喘，当时的蚂蚁网和360圈网站因资金缺乏而倒闭，让人不免产生SNS网站也逃脱不了要经过"烧钱"阶段的想法，而人人网和开心网的整合，更昭示着SNS领域需要一个真正的领导者。

在权威的业内人士看来，当时有能力在中国创造"类Facebook"的公司只有两家，一家是阿里巴巴，另一家是腾讯，这两家公司拥有众多的注册用户。所谓"冤家路窄"，淘宝和腾讯虽然没有不共戴天之仇，小过节却总是不断。

阿里巴巴能看中SNS，腾讯自然也把眼光放在了这上面。阿里巴巴在互动社区产品上全力以赴的同时，腾讯也在其微博上表示，腾讯要开放平台。腾讯此举便"无意中"把矛头又指向了阿里巴巴。

阿里巴巴对此的应对措施就是，用成绩说话。"淘宝直通车"对QQ号码推广的"封杀"，似乎是阿里巴巴凡事落到实处的最佳体现。

"淘宝直通车"是阿里巴巴集团旗下雅虎中国与淘宝进行资源整合后，推出的一种全新的搜索竞价模式，它不同于早期的"招财进宝"。"淘宝直通车"产生的竞价结果在雅虎搜索引擎上显示的同时，淘宝页面上也会以全新的图片和文字形式的方式展示出来。

此外，每件商品可以设置200个关键字，卖家可以针对每个竞价词自由定价，并能同步看到商品在雅虎和淘宝上的排名位置。至于付费，"淘宝直通车"较之"招财进宝"更加公平，卖家根据商品实际被点击的次数付费，每个关键词最低价为0.05元人民币，最高价为100元人民币，每次加价最低为0.01元人民币。

2010年9月1日，腾讯与淘宝之间的战火再度被点燃。腾讯于2010年8月31日开始全面禁止使用"淘宝直通车"。针对腾讯的这一举措，淘宝方面马上做出对抗策略，宣布禁止使用腾讯QQ号码进行推广。淘宝此举，意在推广自己的即时通信软件"阿里旺旺"，同时打压竞争对手。

在此之前，淘宝方面发出公告，希望"淘宝直通车"用户审查其参加"淘宝直通车"的宝贝和推广信息，如果其宝贝含有推广腾讯QQ号码信息的，要及时做出下架处理。另外，淘宝方面规定，存在于淘宝上的"推广宝贝"，不得以任何形式推广腾讯QQ号码，也不能赠送腾讯QQ号码，更不能在描述中含有腾讯QQ号码的相关文字、图片和链接。如此看来，淘宝与腾讯之间的矛盾虽小，但在相当长的一段时间内却是不可调和的。

马云和马化腾所走的道路截然不同，却都缔造了辉煌，而且这种辉煌都是令人仰慕的。马化腾在C2C市场的横插一脚，想必是马云终生难忘的。辩证地说，如果中国C2C市场上没有拍拍网，淘宝毋庸置疑会成为中国C2C市场"任意规则"的制定者。诚然，相争事件后的淘宝依旧在中国C2C市场赫赫有名，但拍拍网扶摇直上的市场份额，显然时刻威胁着淘宝的霸主地位。马云处处与马化腾为敌，看似"赌气"，实则在情理之中。

马化腾"拍"淘宝，不能说成功，也不能说失败，从他的角度来看，腾讯的确占有一定的优势，起码的一点是，易趣不再能与淘宝分庭抗礼了，唯有拍拍网能够存活下来，这已然是一种胜利。从马云的角度来看，淘宝不称王便是失败，这是他早期"忽视"拍拍网后得到的一句"至理名言"。

仅占中国C2C市场不足20%份额的拍拍网，在马化腾的运作下，保持着螺旋上升的增长之势，这是否意味着马云的淘宝要以用户数下降的方式填补拍拍网的日进斗金呢？显然不是，双方都在以日新月异的方式来吸引原本不是其用户的网民加入它们的行列，进而刷新一个个增长曲线的纪录。综观两者的发展，更加通晓国情的马云自然谨守了"本土化"，这是他击败eBay的关键，也是抵挡住拍拍网攻势的秘诀。

对于马云这个强悍的对手，马化腾在你来我往的过招之中，一时间也找不到更好的办法。和阿里巴巴相比，腾讯的产品线实在太长，这让马化腾难以将主要精力用在电子商务这个领域中，或许正因为难以做到专注，才给拍拍网日后的命运埋下了伏笔。

无可奈何花落去

时间一天天流逝，拍拍网和淘宝网从"二虎相争"而逐渐趋向了"一边倒"：淘宝网日渐占领上风，而拍拍网无可奈何地走下坡路。有人说腾讯的业务战线拖得太长，也有人说马云在电子商务领域的才能十分突出。总之，拍拍网后期的竞争，自始至终没有找到机会胜过淘宝。

偏偏这时，阿里又出了一个大招。2005年10月19日，阿里宣布"淘宝网将继续免费三年"。有关专家分析后得出结论，淘宝每年都会砸下至少3亿元人民币。虽然免费是对公司资产的巨大消耗，但是从长远来看，可以说淘宝的免费为它在与拍拍网的火并中后来居上，起到了十分关键的作用。

2007年，淘宝网已然不再是一家简单的购物网站，而发展成为"全亚洲最大的网络零售商圈"。该年度，淘宝网的成交额总计突破了400亿元人民币——这个数字是由多种零售业态共同创立的，而不仅限于来自B2C或是C2C。除了最常见的网络销售，淘宝也效仿美国人处理自家旧货的方法——把旧货堆放在门口，在路边放置"出售"的标牌，吸引附近的居民或是过路人前来购买。在淘宝的网站上，也有这样的一个"二手闲置"区。再者，淘宝上还有"全球购"，让买家得以在世界各地选购商品，起到了连接世界的作用，使得在线下无法规模经营的零售业态在线上生机无限。

马云带领下的淘宝，已经越来越明显地成了中国电子商务界的一面旗帜。2007年11月6日，阿里巴巴在香港挂牌上市。2019年的"双11"购物狂欢日，阿里巴巴全天交易额高达2684亿元人民币，由马云打造的阿里巴巴帝国的电子商务霸主地位，已经成为不争的事实。

和马云在电商领域的成功相比，马化腾最终未能在这个领域创造奇迹，拍拍网在人气上始终无法和淘宝相提并论，最终，马化腾将拍拍网推给了B2C领域做得相当出色的京东集团。

2014年3月，京东集团和腾讯正式宣布建立战略合作伙伴关系，腾讯以2.15亿美元收购京东3.5亿多股的普通股股份，占据了京东上市前普通股的15%。与此同时，京东收购腾讯B2C平台QQ网购及C2C平台拍拍网的100%权益，此外还包含物流人员和资产等，另外也有易迅网的少数股权和购买易迅网剩余股权的权利。腾讯总裁刘炽平也加入到京东集团的董事会。

京东和腾讯签署了战略合作协议，腾讯将向京东提供微信和手机QQ客户端的一级入置及其他主要平台的支持，帮助京东在实物电商领域开拓新的市场。另外，双方还在在线支付领域展开进一步的合作，从而提升用户的网购体验。

京东集团创始人、董事长兼CEO刘强东说："通过此次与腾讯在移动端、流量、电商业务等方面的战略合作，我们将在互联网和移动端向更广泛的用户群体提供更高品质、更快乐的网购体验，同时迅速扩大我们的自营和交易平台业务在移动互联网和互联网上的规模。在此，我代表京东集团欢迎腾讯电商业务的同事们加入京东大家庭。"

从这一天开始，拍拍网就由腾讯旗下转到了京东旗下，"二马"在电商领域的角逐就此结束。虽然从表面上看，马化腾败给了马云，不过由于腾讯还占有京东15%的股份，也就意味着两家展开了深度合作，而这种强强联合带来的优势，无疑是十分强大的。

众所周知，京东的物流在B2C领域无人能及，"北上广深"这样的一线城市，用户上午下单下午就可以收到货，而其他二三线城市，今天下单明天就能收到货，这种闪电般的速度甚至超过了线下购物的速度，让网购的优势达到了最大化。

当然，京东选择和腾讯合作，也是寻找到了极其优质的资源，那就是腾讯的巨额流量和移动互联。尤其是近些年，移动端推出的活动接踵而至，极大地冲击了PC端的电商营销，在腾讯跟京东实现强强联合之后，双方构建了一个"京东物流+腾讯移动互联"的超级组合，京东也充分利用腾讯的微信端用户，在收购拍拍之后，深入到C2C领域开疆扩土，和淘宝继续展开鏖战。

腾讯和京东的联手，对双方来说绝对是明智之举。腾讯用回转得来的资金能够专注发展其擅长的即时通信领域，而京东的流量也从此有了保证。这种电商之间的并购行为，也逐步推进了网购的便捷度。

一度给淘宝造成竞争压力，且被很多人看好的拍拍网，最终在腾讯时代结束了它曾经怀揣的梦想。那么，拍拍网为什么不能像腾讯旗下的门户网站那样给同行以重大的杀伤呢？原因必定不是单一的。但是总结说来，最明显也最容易让人理解的有三大原因。

第一，庞大的用户数和C2C的火爆之间没有必然联系。

尽管马化腾十分看好"小企鹅"数亿的用户量，也将其当作发展电子商务的核动力，然而仔细分析一下，这种优势其实很难作用在电商领域，因为在QQ上用户展示自己的形象给好友看，这是一种满足虚荣心和存在感的基本心理需要。而这种熟悉的人际关系和利益无关，更不需要受到利益的维持，它是一种强关系，然而将这种关系移植到商业领域中，立即会变成一种弱关系。

拍拍网的购物信息显示在面板上，其实不会有什么人感兴趣的。因为能看到这些信息的人，要么是卖家的亲朋好友，要么是网络上的陌生人，那么结果都是一样的：熟人怕买了之后不满意从而影响到双方的关系，陌生人只是随便聊聊，也不会存在其他的想法。

相比之下，淘宝就不存在这种情况，它原本就是一个网络虚拟商圈，在明确的利益之下很容易做生意，不会存在买卖不成仁义也不在的情况。因此，QQ注册用户再多，跟拍拍网的发展也没有什么必然联系。

第二，QQ的社区优势难以转化成商圈优势。

作为一个IM软件，QQ无疑是成功的，它建立了一个庞大的社区系统，吸纳了几乎全中国的网民加入。不过，社区终归是社区，它满足的主要是人际交往的一种需求，没有人会在这样的一个地方产生购物的欲望。腾讯曾经推出一个战略计划叫作"大品牌，大回响"，目的是通过加强社区建设来提升企业的影响力，虽然马化腾做到这一点并不难，然而由于拍拍网和淘宝在商业模式上没什么区别，所以这种同质化竞争让腾讯的社区难以形成吸引力，最终的结果就是，卖的人越来越少，买的人也没增多。

对于腾讯来说，通过社区去推动电子商务的发展，就如同在居民小区里开了一家成衣店，即便价格再便宜、质量再好，人们也不会产生在小区里购物的冲动，依然会选择商业区。

相比之下，淘宝的优势就很大了，由于马云的成功运营，淘宝聚集了越来越多的商家，也就吸引了越来越多的买家。在这个平台上，买家可以自由挑选，可以货比三家，因为卖家多了，必然要搞出一些优惠政策来吸引顾客。这种"集堆"式的商圈模式，如同线下的闹市区、商业区一样，常常是人头攒动、比肩而行。即使一些人没有购物的欲望，也会带着好奇心在里面逛一逛。

第三，拍拍网对用户的需求关注不够。

QQ满足了人们和熟人及陌生人在线上的沟通需求，那么拍拍网满足了用户的什么需求呢？当一个人已经拥有了阿里旺旺的账号之后，当一个人已经收藏了淘宝的多个店铺之后，忽然冒出一个拍拍网做着类似的事情，并没有什么特别之处，用户对待它的态度只能是漠视。从这个角度来看，腾讯更多的是满足了自己朝着电商领域挺进的需求，而不是真的顺应了用户的需求。

除以上三个主要原因外，拍拍网走向颓势，也有一些其他因素的影响，比如进入时间要比淘宝略晚，让一部分用户养成了既定的购物习惯，这就如同人们习惯了QQ之后再难换另外的IM软件一样。另外，马云手下有一大批专门做电子商务的高手，他们在这个领域比腾讯更擅长，也能更专注地研究用户心理，所以成功压制住了拍拍网。

当"快的"遇上"滴滴"

2014年，一场关于线上打车的竞争如火如荼地展开了，两款分别名叫"快的打车"和"滴滴打车"的软件一举成为该年度的热点词汇，而在背后推动着这两个软件互相对抗的却是来自线上的两家互联网企业："快的"背后是阿里巴巴，"滴滴"背后则站着腾讯。

这似乎是"二马"的又一次较量，只不过这一次是线上和线下相结合的对决。

仅仅在2014年上半年，以"二马"为首的两大互联网巨头，为了抢占市场份额，大概"烧掉"了24亿元人民币，最终的结果是谁也没有将谁赶出这个圈子，而是各占半壁江山。

业内普遍认为，这场打车软件之战是"世界互联网大战的第一场战役"，而参战的双方都是实力雄厚的互联网企业。腾讯参战的理由很明确，为了在即将到来的移动互联网时代抢夺有利位置，所以加强了从IM软件向餐厅点评网站等领域的过渡，而交通服务也在这条产品线上，自然不能放过。然而，这次博弈"烧钱"烧得实在太猛，付出的代价是巨大的，而用户和司机的收益也是丰厚的，能达到这种程度的互联网巨头对决，实属罕见。

这场大战的第一枪，在2014年1月10日这天正式打响。就在当天，"滴滴打车"率先推出了乘车费用立减活动，隆重开启了"补贴政策模式"。消息传出之后，无数的出租车司机下载了这个APP，无数的用户也在手机里安装了这款软件，以备不时之需。

"滴滴"何以敢拿出补贴来吸引人们的眼球呢？这是因为"滴滴"荷包里银子充足，做好了"烧钱"一搏的准备。在"滴滴"放出了补贴的"大招"后，"快的"也紧随其后，因为它们同样不差钱——你敢补贴我也敢。于是，双方由此展开了一场"烧钱"大战。

双方鏖战最惨烈的消耗战阶段，是2014年的2月到3月，粗略统计，当时有几百万元人民币流入了出租车司机的腰包。据说在那段时间，一些出租车司机载一次客就能获得100元人民币补贴，这相当于普通车费的5倍。在北京，如果没有使用打车软件，基本上就打不到车，而上海也面临同样的情况。弄得一些老年人纷纷埋怨：出租车都让会用智能手机的年轻人抢去了。

截至2014年6月30日，"滴滴打车"占据了45.6%的市场份额，覆盖全国178个城市；而"快的打车"占据53.6%的份额，覆盖全国306个城市。到2014年8月初，两个应用软件依然向出租车司机支付象征性的奖励，但是和上半年相比要少得多了。最后，"滴滴"和"快的"都停止了司机端的2元现金补贴，一场烧钱大战暂告一段落。

停止发放补贴，对打车软件产生了很大的负面影响，极大地降低了打车软件的使用率。当然，造成这种结果的原因是，双方都没有发现有效的盈利模式，只是为了争夺行业的垄断位置而进行巅峰对决。

在补贴停止之后，用打车软件也很难打到车，不过在一线城市的影响相对小一些，这是由于打车软件是打车供需匹配对接的平台，一线城市在这方面需求比较强烈。

事实上，一旦没了补贴，打车软件就会遭遇一种尴尬：高峰时段，出租车不用打车软件就能拉到生意，而低峰时段，打车的人本来就少，在没有补助的情况下跑出很远去接单，得不偿失。因此在打车软件停止补贴之后，除非是路远的活儿，不然出租车是不会接单的。

尽管司机端的2元现金补贴停止发放，不过"滴滴"方面宣称，对司机的奖励永不会消失，还会推出新的奖励办法，而"快的"方面也表示不会对司机彻底停止补贴。显然，双方的说法都比较暧昧，谁也没有说清到底有没有现金补贴及怎样进行奖励。当然，对"滴滴"和"快的"来说，它们通过"烧钱"做足了广告，而且培养了用户的移动支付习惯——这个似乎是它们唯一能让自己欣慰的事了。

这场由打车软件引发的大战造成了打车市场的重新洗牌，也从某种程度上奠定了"快的"和"滴滴"两强并存的地位。

"快的""滴滴"都通过这场战役来构建和完善了自身的生态系统。由于"快的""滴滴"分别属于阿里、腾讯两个阵营，必然要受到两大互联网巨头的影响。以阿里为背景的"快的"，在电商领域能够最快地找到默契的合作伙伴，很容易培植出用户对其品牌的忠诚度。而以腾讯为后台的"滴滴"，能够凭借强大的移动社交平台优势，形成病毒式的推广。

在生态系统中，最核心的应该是用户，一个是以电商为基础的消费者，一个是以社交为前提的消费者。怎样才能找到和各自消费者相关的营销策略，并通过一种有机的形式将第三方与消费者紧密联系在一起，将成为未来生态系统创建和发展与否的条件。从另一方面来看，打车应用的生态系统，也有利于促进阿里和腾讯建立各自移动支付的平台和流程。

无论是"快的打车"还是"滴滴打车"，其线上线下的商业战略布局，最科学合理的做法是将纯粹的打车应用软件转化成一个用户出行消费的端口工具。毕竟，补贴不是长久之计，所以在补贴发放完毕之后，应当通过将线上和线下相结合的办法加强同地方生活服务商家的合作，这样才能有效提高用户和司机的参与积极性，营造出更丰富多彩的打车应用服务内容。

互联网公司介入出租车市场，极大地影响了传统出租车公司的利益。尤其是以"约租车"为主的新出行方式，将是传统力量和创新力量之间的对垒。

"滴滴"相关负责人曾经表示，如今人们出行，虽然有很多方式可以选择，比如步行、坐公交、乘地铁、坐出租等，却少了最重要的一环——约租车。所谓的"约租车"，是指由汽车租赁公司提供专车，劳务公司提供专人做司机，让乘客在一个统一的服务平台上约车，从而实现匹配服务的一种出行方式。

在国外，约租车早已广泛存在，只是它和出租车有着明显的区别：约租车不允许安放顶灯，而且只能在约定时间和地点内接客，无权在路边接客。约租车这种形式进入中国市场比较晚，是一种创新模式，在法律上没有相关的明确规定，因此各地交管部门对这一类车抱着怀疑甚至否定的态度。

在打车软件推出之后，"专车服务"成了阿里和腾讯的下一个角逐目标。2014年7月，"快的打车"推出"一号专车"；一个月后，"滴滴打车"推出"滴滴专车"。这种"专车"服务从北京快速扩展到全国的很多城市，然而在一些城市里遭到了地方政府交通部门的叫停，将其称为"黑车"。

国内的出租车管理政策远远落后于整个互联网时代的技术环境，所以才会出现"二马"角逐打车软件的"烧钱"大战，因为大家都想在市场经济的环境下引领一种新潮流，甚至是对整个出租车行业进行改革。

打车软件之战，不仅是一场席卷线上和线下的互联网风暴，而且是一场由巨头引发的尝试构建"汽车互联网"的初次试水。互联网让汽车变得越来越智能化，所以汽车成为一个智能终端市场的入口，互联网巨头迫切想要占据这片市场的心理也就可想而知了。

第十二章　后移动互联网时代的另一盘棋

"三只手"掘金

腾讯公司成立之初，有过传呼业务的经历，如业内人周知，QQ的提示音是BP机录制的。基于对传呼网络解不开的姻缘，马化腾与类传呼业务一直有着解不开的缘分。随着腾讯的业务收入从好转到盈利到稳定，马化腾随即注意到了一块新战场。

2012年，马化腾对公司的移动部门进行了重组，目的就是与新的移动互联网时代齐头并进。在此之前，马化腾的商业经济策略是用"两只手"掘金。

其中，"一只手"是移动互联网"事业群"，腾讯创立这个事业群的目的是让无线和其他PC部门朝无线发展，从而形成"业务一条龙"，促使腾讯以最快的速度成长为新型的移动互联网企业。

"另一只手"是微信。微信能大行其道是腾讯在移动领域"无为而治"的战果，需要承认有一定的运气成分，然而进一步分析后就会发现，微信已经脱离了旧有的商业思维模式，更加符合新时代的发展变化，更加贴近用户的体验需求，从现在到未来都可能扮演重要的角色。

腾讯用这"两只手"同时出击，虽然也有一定的战斗力，可是也存在一些无法忽视的缺陷。举个例子，移动互联网事业群在设计"战术"上有余而"战略"上不足，无法仅凭它完成马化腾头脑中的规划，只能使其在短期内获得一定的收入。可是，由于它自身就属于来源于PC端的业务之一，于是不少传统部门都变成了"资源供给地"。这就形成了一个悖论——移动互联网事业群在一定程度上取代了传统业务，这使得腾讯内部不同部门之间产生了无法回避的竞争现象。

另外，微信和移动事业群之间的投资是无法泾渭分明的，其他部门的资源也夹在两者之间无所适从，如此，马化腾计划中的"一对拳头"会相互摩擦，出现自我连累的情形。

而随着腾讯移动互联网产品的更新和完善，马化腾在实践中对移动互联网的认识越来越深刻，他也意识到"两只手战略"已经不能满足实际的市场需求，在此基础上需要增加另一只"隐形的手"。这只"隐形的手"一出世就是大手笔，收编了手机QQ的"社交媒体事业群"和"手机游戏"，成立了"互动娱乐事业群"。马化腾如此整编后，前两只手不再像吸血鬼一般消耗其他部门的资源，而变成"造血机器"，为其他部门提供资金注入。

腾讯一向推崇用户的个性和兴趣，因此相关的应用也是五花八门。马化腾的野心从个性化方面开凿出一条掘金路。他已经敏锐地察觉到互联网文化的趋势是日渐趋于年轻化和趣味化，商业生态的触发点首先要看这个生态的文化趋势，"兴趣部落"诞生于年轻人的驻扎地，也诞生于腾讯本身的商业生态系统，所以一定是未来的一块肥壤沃土。

马化腾这种安排乍看起来难免有"骑墙主义"之嫌，即是说腾讯没能让微信扮演拉动其他领域发展的"马车夫"角色，而是继续让微信做一块"试验田"。而事实上，腾讯的"三只手掘金"毕竟还是跟"两只手掘金"有所区别。

　　其一，"移动互联网事业群"暂时没有太大的盈利压力，在公司内部的话语权也慢慢降低，相较而言，微信就显得更加吸引眼球、不可或缺；其二，腾讯的"手机QQ"和"手机游戏"等带来不错收益的业务在整改后重新回归PC部门，它们的商业价值也就跟随着进一步加大，公司的收入增加了，微信的商业营收压力就降低了；其三，"社交媒体事业群"和"互动娱乐事业群"也可以从巨大的压力下松一口气，冷静谋划下一步棋，尝试缔造更有活力和竞争力的"移动引擎"。总之，移动互联时代的来临对腾讯公司来说是个战略机遇。

　　2014年腾讯召开的"移动开放战略大会"被内部称为是该年度最有战略意义的一次大会。在这场大会中，与会者都对未来的战略走向和产品走向进行了分析以及规划。腾讯作为国内互联网行业的大咖，自然也不负众望地对外透露了一些有关移动战略的详细内容。

　　根据腾讯相关人员在会上的发言，腾讯将"应用宝"作为公司的主打产品。依据腾讯的判断，"应用宝"存在值得期待的发展空间和潜力，而尽快确定它的价值，便促成了腾讯"深挖社交基因"这个新战略的诞生。我们能够看到的是，马化腾在围绕深度整合内部产品、社交基因及资源方面探索着新出路，试图让用户与开发者实现共赢，也让腾讯在未来的市场竞争中继续"不走寻常路"，继续遨游在蓝海中。

　　与传统的应用不同，"应用宝"具有更明显的个性定制色彩，这也是马化腾一直以来对产品应用的要求和期待。最新版本的"应用宝"，一改过去在应用分发渠道上的墨守成规，而是依据真实的数据来从各角度分析用户，针对不同用户展开个性化的应用推荐，让用户享受到"主人"般的体验，也会最大限度地满足用户需求和爱好。

　　综观腾讯的发展历程，从PC端到移动端，在这个转型的过程中，腾讯的最大长处可以说是其强大的"社交"能力。而马化腾也善于利用这个积累和发展了多年的过人之处，对腾讯公司掌握的海量用户数据深入挖掘，并不断迸发新的灵感。

如果说2013年是电头商业巨子们谈论和试水"大数据"的一年，2014年则是巨头们身体力行地比试大数据实力的一年。马化腾在2014年度的一系列新战略让他的竞争对手"心里发慌"，也会促使产生更多、更好的同类产品，让用户拥有更多选择机会，其实也是在为中国互联网的繁荣做贡献。

综上所述，QQ无疑是腾讯PC时代的"摇钱树"。随着移动互联时代的到来，腾讯也在慢慢变更它的战略布局，推出了"手机QQ"，还创造了一个商业社交的生态圈——广受赞誉的微信，紧紧跟随互联网领域的发展势头。

尽管如此，在如今信息碎片化的移动互联时代，微信显得尾大不掉，承载不了信息的分散堆积和杂乱无章。于是，移动社群的另一个标杆性产品"兴趣部落"就这样问世了，它的使命就是弥补腾讯帝国在社交方面的另一个缺口，这便是"移动社群经济"。在后移动互联时代，QQ帝国显然正在下另一局棋。

腾讯"兴趣部落"有着独特的野心。它的致命吸引力在于强大的文化定向吸引和推动，充分尊重个人爱好，弥补此前网络社交个性化关怀的不足。

腾讯社交媒体的三大板块格局的落定，可以说腾讯已牢牢掌握了移动互联网的第一手动向。

扶持国漫，助力原创"动画化"

在20世纪，中国动漫也曾经掀起一阵飞速发展的热潮，与此同时也创造了与世界发达国家相媲美的动漫产业链。在中国漫画问鼎世界的辉煌时期，就连日本最著名的"漫画之神"手冢治虫也惊叹中国漫画的博大精深，并多次访华进行学习，这也在中国漫画历史上留下了瑰丽的一页。但是随着市场经济的进一步发展，我国动漫产业的发展开始与国际脱轨，整个动漫产业链与现实开始出现严重脱节，与此同时与动漫产业相关的商业化运营模式也没有完善，这就使得我国动漫产业进入了漫长的寒冬蛰伏时期。

为了早日破冰，打破我国动漫产业面临的僵局，许多从业者进行了无数的探索研究，尤其是对国外成功的动漫产业运营进行了深入分析，通过长期的调研及大量数据对比，发现我国动漫产业在以下几个方面与成熟国家之间存在明显的差距。

首先就是动漫产业的商业化。我国动漫产业一直找不出真正的盈利点。利润才是动漫产业的生命力，没有利润就谈不上发展。其次是版权问题。由于我国进入动漫产业时间短，经验不足，加上相关版权的法律法规一直不健全，盗版横行，"劣币驱逐良币"现象层出不穷，这也是阻碍动漫产业发展的原因之一。另外，动漫的商业性和艺术性冲突难以平衡，以至于动漫制作陷入急于求成、制作粗糙的恶性循环之中，这给动漫产业的发展套上了牢牢的枷锁。中国的动漫产业发展方向、突破点在哪里，是摆在每一个动漫人面前的一道难题。

中国动漫产业的发展任重而道远，中国动漫需要破茧成蝶，必须寻找出一条有中国特色的商业化新思路。在举步维艰的情况下，2014年，腾讯在深圳召开了一场以互动娱乐为主题的年度发布会。在这次盛会上，腾讯率先向业界公布了自己在动漫行业全新的战略路线：腾讯立志于打造具有国际水平的动漫产业链。为了落实这一战略任务，腾讯购买了日本当红动漫《火影忍者》的运营使用权，并且围绕《火影忍者》做了深入开发，比如与日本公司合作制作的剧场版已经在腾讯视频上播放，并且受到了空前的好评。2015年9月，腾讯又推出了基于《火影忍者》的手游版大型网游，并且一度占据了中国手游排行榜第一名。与此同时腾讯还专门为《火影忍者》建立了火影粉丝官方网站。

一直以来，动漫在中国都有着广阔的市场，尤其是中国动漫迷的数量在世界范围上来说都是相当可观的。中国人对动漫的喜爱之深可以从对作品的喜爱及相关产品的喜爱看出来，这也是一些动漫玩偶、Cosplay在中国如日中天的原因。从这方面来看，中国的动漫市场开发的潜力非常巨大，尤其是对动漫的相关产品、表演、视频等方面的挖掘。这不仅是国外动漫产业发展起来的因素，更是我国动漫产业以后要坚定不移踏实深耕的道路。马化腾正是看到了中国动漫的潜力才不遗余力地带着他的队伍杀了进来。

腾讯这一次的破冰之举，对国产动漫来说具有划时代的意义。它不仅意味着马化腾团队对中国动漫产业新的思考探索，而且为我国动漫产业的发展吹响了冲锋号，对于当前这个体验至上的社会来说无疑给广大动漫爱好者提供了一个绝佳的动漫体验平台，有了这样一次成功经验，以后动漫发展之路会越来越通畅，越来越平稳。

马化腾在动漫行业的举措是成功的，为我国动漫产业的发展开了先河，指出了我国动漫产业发展的方向，为其他企业做出了表率。尽管如此，业界仍有人认为这是一次偶然事件，不足以作为模范经验来学习模仿，而且认为马化腾走的是一条不归之路。但是事实证明并非如此，尤其是最近几年，国家已经将动漫的发展上升到国家战略上来，增加了对动漫产业的优惠政策和帮扶力度，从这个角度来看，中国的动漫之路只会越走越远，越来越成熟。

马化腾团队做出的改变正是吻合了我国市场的需求，除得到大量的资金支持外，还会得到大量政策性的导向指引，使得马化腾在动漫行业的探索如顺风行船，一帆风顺。同时这也是潮流的趋势所在，他为中国亿万粉丝提供的公共平台，让中国的粉丝也可以有属于自己对动漫的情感载体，这很容易获得民众的支持，因此马化腾的这一举动是顺应民心的。

马化腾主要在四个方面做出了全新的调整：第一，加强漫画的制作环节，为广大动漫爱好者创作出有深度、有品位的动漫作品；第二，做强动画与漫画的衔接环节；第三，将动漫游戏化，让每一款动漫都有带自己特色的游戏，这就拓宽了整个产业链的发展；第四，做强与动漫相关的产品，让动漫深入人心的同时也创造经济价值。

2014年，马化腾为腾讯的动漫产业制定了新的发展路线，主要是依托腾讯这个拥有广大用户群体的大平台，将优秀的IP作为核心驱动力，以此来吸引一大批国内外粉丝群，为腾讯未来在动漫产业的发展夯实基础。

同年，腾讯动漫推出新的战略思维——"泛娱乐战略"，核心是对中国本土的动漫产业信息进行融合，对产业链进行有效重组。对动漫产业资源的整合使得腾讯在动漫产业的发展进入了一个新的领域，马化腾发现了更广阔的市场，而构建更强的以明星IP为核心的动漫产业。事实证明，马化腾的这条路是正确的，以明星IP为核心的动漫产业吸引了大量的粉丝，同时也培养了一批动漫爱好者，凭借粉丝的经济效应可以为腾讯动漫的发展提供更强的动力。

马化腾的一系列动作除了吸引了一些知名的动漫IP，更重要的是培养出了一批全新的原创动漫IP，而且无论是在质量上还是在数量上都有了质的飞跃，同时这一举措也吸引了大量的粉丝参与，这就为腾讯的动漫产业链提供了广阔的发展空间。众所周知，七度鱼的《尸兄》漫画，本来一文不名，但是经过腾讯动漫的包装刊出之后立即得到了广大粉丝的认可，并获得了巨大的成功。同时在马化腾的支持鼓励下，这部漫画顺利地实现了漫画向动漫、剧场、游戏等周边产品的延伸，不仅延伸了产业链，而且提高了七度鱼的知名度。

随着我国动漫产业在移动互联网市场上的不断发展，网络粉丝效应也正在朝着新的方向发展，"粉丝裂变"就是异于传统粉丝模式的典型代表，尤其是在今天这个高科技蓬勃发展的今天，一个IP很容易在各个领域都开枝散叶，形成新的行业增长点，并且很容易被资源整合，从而获得遍地开花的效果。

马化腾在向外界传播腾讯理念的同时，也在为自己的产品找出路。他一方面让人们通过互联网了解腾讯；另一方面通过与用户的互动了解用户的真正需求，只有符合民众需求的产品才是好产品，才可以在未来的道路上走得更远。这一点马化腾深信不疑，并且一直坚持不懈地去突破。

一方面拥有QQ、微信的大量用户，另一方面在不遗余力地打造高品质的动漫产业链，两者的有效结合形象了具有腾讯特色的动漫产业发展模式，这是任何一家公司都不具备的，也不可能复制的模式。

2015年，在腾讯的牵头下，我国首部由著名作家、编剧南派三叔与腾讯团队合作的动漫作品《勇者大冒险》推出，在业界获得好评，取得了巨大的成功。在此基础上，腾讯还推出了同名漫画，也受到了读者的热烈追捧。这部作品的成功无论是在粉丝面前还是市场上都取到了不俗的效果，这为腾讯以后在行业内的发展奠定了基础。然而腾讯并没有停止脚步，而是乘胜追击，同年又推出了《一人之下》《从前有座灵剑山》《中国惊奇先生》三款动漫，无论是在数量上还是在质量上都有了根本的提高。

腾讯动漫的发展离不开腾讯对各个行业资源的整合，正如腾讯动漫负责人邹正宇所说，网络文字、论坛、贴吧都是在讲故事，动漫也不例外，也是通过故事的方式向民众传达思想。从这一层面来说动漫的思想可以借鉴很多行业的优秀经验，向文学学习，向电影、电视剧学习都是动漫发展的力量源泉。

邹正宇说："每一个行业发展的核心都是内容的发展，没有内容的支撑是走不长远的。一个行业要想走得长远，不管是从内容的质量上还是数量上，要求都会越来越高，这需要慢慢地去培养，也需要更多的人参与，让思想碰撞出火花。"

腾讯动漫非常重视人才挖掘和优秀资源的整合。例如，2015年腾讯与夏天岛工作室合作，将小新、大鬼等业界优秀的漫画作者引入腾讯，成为腾讯独立的签约作者。不仅给予优厚的报酬，还给予良好的创作条件和广阔的发展空间，使得这些签约作者得到了更好的发展，推出了更多优秀的产品。比如目前流行的《非人哉》等一系列作品都是腾讯引进优秀人才的结果。

2017年，对于腾讯来说是具有重要意义的一年，新年伊始，由当红作家《盗墓笔记》的作者南派三叔团队制作的《代嫁丞相》在腾讯动漫平台上一经上线，便立马好评如潮。这是南派三叔亲力亲为的一部作品，不管是从剧本、分镜、线稿、成稿，还是到后期的制作宣传都是南派三叔一手策划完成的，刚上线七话，阅读量便突破1亿大关，并且南派三叔在发布会上明确指出不排除把这部剧改编成影视作品的可能性。有着"中国电竞第一IP"之称的《全职高手》也在2017年推出了动画版。该动漫一经问世就吸粉无数，深受漫迷追捧，2017年4月7日在腾讯视频上线后的24小时内就取得了播放量破亿的佳绩。5月31日，腾讯宣布其播放量已经突破了5个亿。

通过不断努力，当前平均已经有9000万用户活跃在腾讯动漫平台上，腾讯动画的播放量业已超过100亿次，这些数据表明腾讯的努力是成功的。大数据显示，腾讯动漫的这些作品的主要受众是"90后"和"00后"，这些群体占到了总体份额的90%以上，未来腾讯的发展一定是以这些年轻人的需求为导向的。同时腾讯也正在着手布局新的市场，在不远的将来，以腾讯动漫为首的动漫产业将会迅速崛起。

从阅读到"悦读"

近年来，随着互联网的发展，网络文学应运而生，并且得到广大群众的热爱，尤其是一些喜闻乐见的文学素材、故事编排等更是好评如潮。随着科技的发展，电子阅读时代已经悄悄地深入读者的日常生活。放眼望去，火车站、地铁、大街小巷都是低头阅读的人们，不管是对新闻资讯的阅读还是对文化书籍的阅读，都是阅读市场的一部分，而且这些阅读的内容恰恰反映了读者的需求。这些场景在马化腾眼里有着不一样的意义，在他看来一个新的盈利增长点又到了。

2013年，马化腾带领的腾讯公司向广大阅读用户隆重推出了一款专门用来阅读的APP——QQ阅读安卓4.0版本。根据腾讯文学官方网站的介绍，QQ阅读安卓4.0版本在汲取众多阅读工具优秀经验的同时，还加入了自己的特色元素，比如解压文字的格式，PDF、txt等格式都可以毫无压力地在QQ阅读安卓4.0版本上运行，这就给用户省去了很多不必要的麻烦。其次就是界面的设置上色彩更加丰富，更加清新，广告也可以手动选择是否弹出，这都给阅读者带来了全新的体验。

另外，在文学的创作上腾讯也没有忽视。现在全民作家的时代已经来临，每个人都有表达自己的欲望，这就需要一个平台去承载民众的思想。腾讯要做的就是筛选这些宝贵的精神财富并将它分享出去，同时给予创作者一定的劳动报酬。制定合理的游戏规则是发展网络文学的关键，既不能埋没真正有才华的作者，也不能让平台沦为思想垃圾回收站，这就需要腾讯做好严密的监管工作，让阅读和写作真正为民众服务。

腾讯在保证阅读作品质量上下了不小的功夫。例如，腾讯组织成立了以莫言、刘震云等一批国内知名作家为核心的大师顾问团，为上架的阅读作品把脉问诊，筛选出真正高质量的书籍，这就保证了民众阅读作品的质量。

如今提到国内的网络文学产业，就不得不提到"阅文集团"。该集团由腾讯文学与原盛大文学整合而成，如今是国内最大的正版数字阅读平台和文学IP培育平台。其旗下囊括了"QQ阅读""起点中文网"等业界知名品牌，《步步惊心》《鬼吹灯》《盗墓笔记》《琅琊榜》《择天记》等大量优秀改编作品都出自"阅文"。

当读者朋友在一个个盗墓故事里身临其境，当读者为四爷与若曦的情感纠葛或喜或悲时，当读者被"江左梅郎"梅长苏的聪明才智而深深吸引时，"阅文集团"这颗中国网络文学的新星正冉冉升起，它占据了国内IP改编市场90%的优势份额，照亮了国内的文娱产业。

业内有一种说法：中国互联网行业已经进入了下半场。对于占据内容优势的"阅文集团"而言，在分发渠道方面它依然具有不容忽视的实力。QQ、微信等腾讯自有渠道自然不必多言，"阅文"还与国内著名手机厂商等外部渠道进行沟通与合作。当下的互联网生态，消费升级、移动互联正加速圈地，如何进一步巩固并拓宽渠道尤其是移动端渠道，是"阅文"的发展重点。无论是内容还是流量，"阅文"都长袖善舞。

除上述内容外，"阅文集团"敏锐地意识到了扩充全内容品类的必要性。时至今日，"阅文"已经和国内外2000余家出版单位建立了合作关系，主动推进与国内外出版商的传统图书电子化合作，孜孜不倦地满足读者对内容多元化的需求。

从马化腾时阅读领域的布局，可以看出马化腾对文化产业的浓厚兴趣，这不仅是趋利所致，更是马化腾全局观念在战略上的体现。未来的腾讯是多角度、全方位、多核心的腾讯，阅读、游戏、影视剧、动漫的多个产业形成一个相互支撑、协同发展的整体。

也正是这种全方位、多角度的规划使得腾讯的发展一直立于不败之地，使它在国内网络阅读市场后发先至、高歌猛进，为行业树立了模范的标杆，拉开了电子阅读时代的序幕。

"互联网+"的新启发

2015年，腾讯率先提出了"互联网+"的概念。在新闻发布会上马化腾第一次阐述了自己对未来互联网的理解，他指出未来互联网的发展方向主要表现在以下几个方面：

第一，建立以腾讯为中心的娱乐生态系统；

第二，娱乐形式开始出现多样化，并且不再孤立地发展，娱乐也会与各行各业形成互相融合的新局面；

第三，全民创作的时代已经到来，未来再也不能把创造者和消费者完全区别开来；

第四，移动互联网将主导未来的互联网时代，粉丝经济会应运而生，明星的诞生率会大大提高；

第五，互联网加传统行业将是未来的新趋势。

在"互联网+"的实施进程中，腾讯要做的不是简单地将行业对接，而是要深挖行业的内在资源，实现深度融合，让"互联网+"真正为企业所服务，真正为企业带来利益，为民众带来便利。

谈到"互联网+"，马化腾给出了详细的解释。他说道："'互联网+'就是一种整合资源的工具，它让各个行业的发展都变得更快捷、更便利。"

作为新时代的核心推动力，"互联网+"的核心是引爆信息资源的优化组合，真正实现行业无边界的局面。"互联网+"模式下不是千人一面，而是千人千面，不仅满足某个群体的需求，而且具体到满足每个人的需求，使得每家企业、每个人，不管是在垂直角度还是水平角度，都可以自由地找到合作的伙伴，创造属于自己的价值，每个人都可以把自己的价值最大化。这样的生态链的能量是巨大的，是史无前例的。

对于大数据的产生，马化腾表示，这是历史的必然，也是社会进步的需要，同时为企业提供了新的经济增长点，也给企业带来了更高的要求。这是一个难得的机遇，尤其是对于中国这样一个长期处在发展状态的发展中国家。

"互联网+"生态的提出迅速在全国各地蔓延开来，除了北、上、广、深等一些大城市，其他的如长沙、郑州、西安、重庆等城市也争相角逐，希望不要落后在"互联网+"的浪潮中。

马化腾表示，腾讯对未来的规划很明确，定位很清晰，就是做"互联网+"的连接器，整合线上线下的资源，实现产业链的升级。

他进一步指出，第一是做连接器，让微信、QQ等通信平台成为人和人、人和服务、人和设备的连接器。"我们不会介入到很多商业逻辑上面去，我们只做最好的连接器；第二是做内容产业，内容产业也是一个开放的平台。"

腾讯高级副总裁、腾讯研究院院长郭凯天表示，腾讯"互联网+"创新中心有两个任务：第一就是搭建平台，与国内外共同探讨"互联网+"及如何"+"的问题；第二是推动实践，通过创新中心的尝试和腾讯的产品，与腾讯众创空间相结合，在众多创新创业中推动和摸索，将"互联网+"在各个地方和产业中落实，做出实实在在的事情。

关于众创空间，腾讯开放平台总经理侯晓楠表示，腾讯之前曾经考察了欧洲、硅谷、日本、以色列很多的孵化器，发现孵化器都是从以产业园等物理空间为主慢慢发展到具备一定互联网元素的。

从2015年4月28日起，腾讯正式将自己的创业基地升级成为全要素、立体式的腾讯众创空间。腾讯希望整合社会的力量，整合创投的联盟，把线下的加速和线上的扶持全部合为一体，为创业者打造一个立体式的众创空间。

微信也在"互联网+"中扮演着"连接一切"的重要角色。腾讯微信支付总经理吴毅表示，微信在经历了几年的发展之后，已经不仅仅是个聊天工具了。微信已经实现了人与人的连接、人与互联网的连接，微信成了每个用户的"移动ID"。

"在完成人与人的连接之后，微信还能将人与实体社会、实体行业相连接。比如微信推出的微信公众号和微信支付，就是连接人与社会、人与实体商户的重要连接器。"吴毅说。

腾讯开放平台取得了很大成绩，马化腾评价说："在我们的平台上可以说是再造了一个腾讯，合作平台产生了超过2000亿的产值，分成金额数百亿。"

而在"互联网+"背景下出现了很多O2O结合的案例，也出现了越来越多的创客和创业团队。对此马化腾表示，也希望每个城市提供更多的资源，一起把"互联网+"这个创新创业平台建好。

企业办大学，未来新趋势？

企业办大学在今天并不是多么新鲜的事，因为在世界500强企业中，高达83%的企业已经成立或正在创办该企业的大学。其历史可以追溯到1955年，全球第一所企业大学是由通用电气公司创办的，即GE克劳顿管理学院。苹果大学于2008年成立，背后的创始人自然是乔布斯。乔布斯后来在欧洲又创办了iOS开发者学院，免费为其招贤纳士，但是要求自然很高——录取比例低于哈佛官方提供的6.3%的录取率。

我们把眼光放回到国内。由于一些企业自身实力不断提升，它们也跟随世界潮流，开始创办企业大学。腾讯自然也不会错过这场教育的风潮。它凭借自身互联网"BAT三巨头之一"的傲人实力和权威身份，于2017年4月26日，在"2017青腾品牌发布暨清华·青腾未来科技学堂发布会"上，终于与清华大学经济管理学院达成战略合作，共同创办了清华·青腾未来科技学堂。

追溯这所青腾大学的历史，其前身是腾讯公司从2015年7月就开始创办的青腾创业营。青藤创业营成立至今，仅仅用了两年时间，就走出9家"独角兽"企业，9家公司上市或挂牌新三板，35家公司估值超过10亿元，项目总估值从约760亿元飙升至约1 700多亿元，其中10家公司还获得了腾讯公司的投资。

青腾创业营能够在极短的时间内取得傲人的成绩，除了背后强大的企业支持，另外一条不容忽视的因素就是严苛公平的录取制度——保证学员都是行业内的佼佼者的制度。2016年4月，由长江商学院与腾讯合作开发的2016青腾创业营二期录取名单公布于众。经过严格的筛选，50名创业者脱颖而出。名单中的一些名字即使普通人也耳熟能详：娱乐界的明星学员郑恺、科技电子产品测评网站Zealer的创始人王自如、社区电商平台小红书的联合创始人翟芳、从脸萌开始又做了Faceu的郭列等。权威数据显示，二期学员所在企业，四成已过B轮，其中4家已然成为上市公司；学员呈现年轻化的态势，平均34岁，其中更有5名"90后"；学员所在企业总估值逾480亿元。

2017年4月，青腾创业营三期学员名单公布。其中，米未传媒创始人CEO马东、网红自媒体人咪蒙、跨界明星东申影业CEO陈坤、永辉超市创始人张轩宁、轻松筹CEO杨胤、北京火钳刘明文化传媒有限公司联合创始人马睿、恺英网络创始人冯显超等也都被招入，成为青腾创业营三期学员。由此可见，青腾创业营从未降低对新学员的要求。这也是青藤学院到今天为止取得令人称赞不绝的成绩的"秘密武器"之一。

综合来看，青腾创业营所招的三期学员，分布在多元的创业领域，所牵涉的行业范围包括泛娱乐、"互联网+"、医疗健康、线下零售、金融、体育等领域，覆盖范围非常广泛。尤其是第三期青藤创业营，所涵盖的行业是前所未有的。

2017年腾讯与清华大学经济管理学院合作创办的清华·青腾未来科技学堂，着重点放在生命科学、人工智能、新材料等前沿科技方面，并致力于为下一个"独角兽"注入"创新DNA"。该学堂的教育体系主要由导师、课程、社群、服务四大板块构成，提供全息创业者实战培训。导师方面自然是实力不俗，授课教师将由腾讯公司著名高管、国内创业领袖、知名风险投资人、清华大学和长江商学院的学者，以及全球科技先锋人士构成，"为学员提供理论与实战相结合，商业与科技相结合，本土与全球相结合的知识体系"。在课程设置上，自然也是必修课程和选修课程兼顾，有基础课程和拔高课程供学员选择。

未来科技学堂只是青藤大学的一部分，另有未来商业学堂和未来金融学堂。"未来商业学堂立足于以商业模式创新驱动的商业进步，面向互联网行业创业者；未来金融学堂则立足于以资本驱动的、升级与进阶的创业者需求。"

马化腾在青藤大学的成立发布会上说："青腾大学的成立，目的在于为创业者打造更加具有前瞻性的平台，将创业者更好地联系在一起，从而为下一个将会成长为独角兽的企业输入创新血液。腾讯一直在为创业者提供各种服务，在云、大数据、安全等方面，为创业者提供基础设施，打造互补共赢的生态圈。腾讯此次与清华大学合作，希望打造出更具前瞻性的平台，将创业者连接在一起，赋能彼此，共同成长。"

青藤大学的成立让人不禁想起国内一位与之比肩的"学长"——湖畔大学。湖畔大学的前身叫"江南会"，是由马云等八位浙商替企业家们打造的一个思想乐园。更名为湖畔大学之后，它就成了给创业者传道授业的基地，在精进商业的同时不忘公益的传承，专注培养拥有新商业文明下新时代精神的新一代企业家。

2015年3月，在马云的牵头下，湖畔大学首次开班。综观其第一届学员，包括成功转型在线培训的王利芬、百合网创始人慕岩、来自传统企业的"俏江南"CEO汪小菲、"汽车之家"的秦致、"十月妈咪"的赵浦、"快的打车"的陈伟星等。行业范围涵盖了婚恋、母婴、汽车、餐饮、女性、移动社交等跨度颇广的诸多领域，构成了一个行业大集合的企业集群。马云不仅是湖畔大学的首任校长，还是学员所构成的企业集群的社群首领。而且马云十分重视实体经济的发展，从学员的背景就可见一斑：分布在制造业、零售业、材料业、能源、教育医疗行业等，包括我们赖以生存的第一大产业——农业。

湖畔大学招收学员时可谓精挑细选，要求十分严格。湖畔大学的目标学员的必备条件是"三年创业经验、三十名以上员工、纳税三年，并拥有三千万元营业额"。除此之外，"报名者必须有三位保荐人，其中至少一位指定保荐人"。从湖畔大学第三期招生的录取率（4.07%）来看，这个数据比全球竞争最激烈的斯坦福大学的本科生录取率（4.4%）竞争更加激烈。在教师资源的配置上，近一百名教授和企业家曾经把他们的经验之谈传授给学员，教授和学员的比例也创下了"世界之最"。由于具备了一定的运营经验，湖畔大学在第三期学员开学的时候，课程已经完整地设置了两年半的时间。展望未来，湖畔大学的创新将会更加偏重于研究领域。

除了最传统的授课模式，湖畔大学还致力于探索更开放、更包容的办学模式。为了给普通创业者提供参与湖畔大学知识分享的途径，影响和帮助更多的年轻人，湖畔大学推出了线上公开课，开发了湖畔大学APP及自制视频节目等，它们的惠民举动广受创业者欢迎。

对于腾讯公司、阿里巴巴这类商业巨头为何要建立企业大学这一疑问，一位业内人士表示："这些巨头是在输出企业价值观、影响力，形成圈子，隐形、未来的资本关系，换言之，这是另一种方式的圈地运动。"

腾讯云

云是对网络、互联网的一种形象说法，云服务就是指通过网络以按需、易扩展的方式获得服务。这种服务既可以跟IT、软件、互联网相关，也可以是其他的服务。云服务的出现意味着，计算能力也可以当作一种商品通过互联网流通起来。

像腾讯云、阿里云、百度云、电信、联通等，都属于云服务。提供云服务就是将用户的一些日常数据储存在服务器上，方便其在有网络的情况下使用。

市场调研机构IDC认为，目前马太效应正在全球的云计算市场中显现，因为云计算这个行业需要艰苦的研发和巨大的投入，不是说短期内就能超越。

跟其他产业相比，云计算有以下几个特点：

1. 云需要规模。云的规模越大，技术红利就越大，也就越能提供前沿和稳定的技术服务。而越尖端的技术水平，就越能够吸引更多的客户，这跟滚雪球的原理是一样的。

2. 云需要用自主技术。世界排名前三的云服务商其云计算操作系统都是自主研发的。

3. 云需要生态。像亚马逊和阿里都是电商起家，本身就拥有各种各样的商业场景，它们的所有技术和产品都能在内部得到实践，让其拥有他人没有的优势。

当前我国的云计算市场正在快速发展，据预测，到2025年中国云计算产业的市场规模可能将达到数千亿元，这样大的市场，作为互联网的佼佼者腾讯怎么会错过！

腾讯公布的营收数据显示，过去的2018年腾讯的云服务收入达到91亿元，增长超过100%。现在腾讯云已经在全球五大洲共计25个地区，开放了53个可用区，是海外布局速度最快、分布区域最广的云服务商之一。

根据其财报显示，腾讯云服务的游戏公司超过一半，并积极向海外拓展市场。其客户包含了大部分互联网金融和保险公司，是建行、中行及招行等银行的首选合作伙伴。

据美国知名行业研究机构 Synergy Research Group 发布的2018年第四季度及全年全球云基础服务厂商市场份额的研究报告表明，现在在亚太地区增速最快的就是腾讯云，其第四季度市场份额已经超越了谷歌，位列亚太地区的第四。占前三名的分别是亚马逊的AWS，阿里的阿里云及微软。

在国内市场,阿里云位居第一,腾讯紧随其后,不过腾讯云的增长速度是最快的,未来的市场潜力不可小觑。

其实,腾讯云从第一版的QQ开始,就积极地为用户解决一些问题,让用户得到稳定的服务。后来随着腾讯业务的增多,需要解决的问题也越来越多。从如何让用户的QQ不掉线,到更多的社交、更好玩的娱乐、更丰富的在线生活,到现在实现一个更加开放的互联网生态平台。

2010年2月,腾讯开始开放自己的平台,腾讯云也开始正式对外提供云服务。

经过三年的发展,到2013年时腾讯云分析(MTA)上线,之后云拨测上线,自此腾讯云完成了开始的创业期,进入成长期。

从2013年9月开始,腾讯云开始全面开放,所有的用户都可以使用腾讯的云服务。2015年初,腾讯云服务市场上线,接着腾讯云北美数据中心落地,开始为中国企业拓展北美市场提供强有力的云服务支持,当然也将为北美及全球用户提供优质的云服务。

2015年可谓是腾讯云的丰收年,获得了"可信云2014—2015年度虚拟网络技术创新奖"和"可信云2014—2015年度视频云服务奖"两个大奖。

为了扩展海外市场,腾讯云在2016年发布了全新品牌的LOGO形象及价值理念,还通过了ISO 22301国际认证,这是国内第一批通过该项现场审核的云服务商。

之后,腾讯云开始加快在国内外的布局,一些数据中心开始正式开放,并且与很多企业签订了战略合作协议,尤其是在零售行业。

2018年5月,腾讯云与每日优鲜便利购合作,让自己的云计算、大数据及人工智能技术去引领无人零售行业进入2.0时代。

接着,腾讯云又发布了六款智慧零售产品,分别是智选、优品、优客、优Mall、优码、优评。这些零售产品能为零售行业提供包括开店选址、商圈洞察、商品管理、门店运营的全维智慧解决方案。

2019年4月，腾讯云即将推出新一代云服务器实例。新一代的云服务器其计算性能得到很大的提高，并且在虚拟化、可用性及产品形态上也得到提升。看来，腾讯将要以更高的品质去征战全球市场了。

腾讯云的副总裁王慧星表示，腾讯云在产品性能优化方面经过不断深耕，其可用性方面得到很大提高，腾讯将致力于成为全球企业数字化转型的连接器，将致力于构建数字化生态网络，为企业提供新动力，让产业互联网产业得以更加蓬勃发展。

新的阶段，腾讯已经准备好腾飞！